La Magie Sacrée d'Abramelin

Éditions Unicursal Publishers
unicursal.ca

ISBN 978-2-89806-183-7 (PB)
ISBN 978-2-89806-210-0 (HC)

Première Édition PB, Samhain 2020
Première Édition HC, Ostara 2021

La Magie Sacrée d'Abramelin

*Étant une transcription complète et fidèle en tout point du
Ms. 2351 de la Bibliothèque de l'Arsenal à Paris,
Manuscrit traduit de l'hébreu en langue française.*

TRANSCRIPTION, ÉDITION, PRÉSENTATION,
SIGNES & NOTES
PAR
MARC-ANDRÉ RICARD

UNICURSAL

INTRODUCTION

PAR M-A RICARD

E Livre d'Abramelin est un texte datant du xve siècle. C'est une Opération cabalistique faisant appel aux forces angéliques et spirites. A l'aide de carrés magiques, les Esprits sont évoqués sous apparence visible afin de servir l'opérateur, en produisant divers effets aussi extraordinaires les uns que les autres. Ce texte, devenu un classique occulte, est véritablement une œuvre de magie évocatoire. Et grâce à certaines mains heureuses, le savoir de ce livre fut préservé longtemps dans de riches collections privées.

Peu nombreuses sont les copies manuscrites connues qui font l'éloge de cette Opération magique; une infime poignée tout au plus. Parmi celles-ci, il a été répertorié à ce jour que quelque six manuscrits de ce rare texte.

En ordre chronologique, nous retrouvons :
- Deux manuscrits écrits en allemand, datés respectivement de 1608 et 1612, lesquels se trouvent à Wolfenbüttel, en Allemagne.
- Un texte allemand, daté approximativement de 1700, à Dresden, en Allemagne.
- Une possible traduction en hébreu de l'un des Ms. de Wolfenbüttel, daté de 1740, et conservée aux Bodleian Libraries, à Oxford.
- Un dernier texte allemand, daté de 1750, aussi à Dresden, en Allemagne.
- Et une traduction française, datée de 1883, conservée à Paris.

La toute première copie imprimée et reliée aurait vu le jour à Cologne en 1725 et publiée sous le pseudonyme de Peter Hammer. Ce livre attribue l'œuvre à un juif du nom d'Abraham von Worms, une édition qui serait elle-même basée sur le texte allemand de 1608, dont nous ne connaissons que très peu de son véritable auteur. C'est possiblement, entre autres raisons, que l'édition qui porta véritablement le Livre d'Abramelin en avant-plan (et qui demeure encore aujourd'hui, selon plusieurs, la première édition imprimée), est la traduction anglaise produite en 1898 par S. L. MacGregor Mathers, occultiste et cofondateur de l'Ordre Hermétique de la Golden Dawn.

Son livre parut sous le titre *The Book of the Sacred Magic of Abramelin the Mage*. Nous devons à son travail remarquable et appliqué de nombreux ouvrages dignes de mention, de nombreuses transcriptions et traductions, dont deux grands favoris : *The Key of Solomon the King* et *Goetia*, ce dernier étant le fruit d'une collaboration ultérieure avec Aleister Crowley. Quiconque s'intéresse sérieusement à la magie, à l'occultisme et aux textes cabalistiques, croisera éventuellement sur sa route le nom de Mathers.

Et il faut croire que je n'échappe pas à cette règle. Car trente ans plus tard, depuis mes premiers pas en occultisme et en magie, la plupart des grimoires et textes occultes que j'affectionne encore à ce jour demeurent en partie redevables à son œuvre, d'une manière ou d'une autre. Alors à savoir si son édition fut véritablement la première à être imprimée ou non, cela n'a aucune importance, car il aura largement contribué à élever ce texte à la hauteur des grands classiques de la magie. Et si ce n'était de Mathers, qui sait aujourd'hui si la Magie Sacrée d'Abramelin serait connue du grand public. Comme quoi il y a de ces occultistes qui, lors de leur passage sur terre, laissent leur marque. Il est l'un d'eux.

Du Livre d'Abramelin

Pour la réalisation de cette édition du Livre d'Abramelin, j'ai utilisé le Ms. 2351 de la Bibliothèque de l'Arsenal à Paris. J'ai fidèlement retranscrit et vérifié le texte dans son intégralité (lequel d'ailleurs fut le même que traduisit Mathers). Daté de juin 1883 et comportant 413 pages, ce manuscrit est une traduction anonyme en langue française.

On retrouve à la toute première page du manuscrit la mention suivante :

> *Ce volume contient 3 Livres dont le 1er d'Abraham et de Lamech dont il est ici question étaient des Juifs du 15e siècle et l'on sait que les Juifs d'abord possédant la Cabale de Salomon passèrent pour les meilleurs Sorciers et Astrologues.*
>
> *Volume compris en trois parties :*
>
> *1ere partie 102 pages*
> *2eme — 194 —*
> *3eme — 117 —*
>   ——————
>   *413 pages*
>
> *Juin 1883*

Écrit à l'origine en hébreu, en 1458 par un certain Abraham le Juif, ce texte cabalistique est en quelque sorte un testament, un legs qu'Abraham, alors âgé de 96 ans, laissa à son fils Lamech, afin que ce dernier puisse profiter, et faire également profiter autrui, des bienfaits de la Magie Sacrée et de la Divine Sapience que seul Dieu, grâce à ses Anges, accorde à ceux qui en sont dignes et qui connaissent les moyens de l'Opération.

Le texte est divisé en trois parties distinctes, ou trois livres pour être plus exact. Chaque livre possède sa propre page frontispice que j'ai reproduite dans cet ouvrage.

Le Premier Livre contient le récit des pérégrinations d'Abraham dans sa recherche de la Science Sacrée. Il explique comment, dans cette quête du savoir, il parcourut de nombreuses villes et fit la rencontre de différents individus, magiciens et aristocrates, jusqu'au jour où, en Égypte, il fit la connaissance du vieil Abramelin de qui il reçut les fondements de la Véritable Magie et de la Cabale.

Le Second Livre explique en détail tout l'enseignement d'Abramelin et ce qu'il faut observer afin de mener à bien l'Opération magique. Ici Abraham discute de la préparation personnelle de l'opérateur et comment il doit constamment œuvrer dans la crainte de Dieu. Il explique la façon de préparer l'oratoire, les vêtements et les divers accessoires requis pour mener à bien les oraisons, les conjurations et les évocations d'Esprits. Toujours dans le style d'un discours adressé à son fils, Abraham donne de nombreuses mises en garde contre les Esprits Malins et leurs stratagèmes, tout en se référant souvent aux conseils de son Ange Gardien.

La technique d'Abramelin se résume brièvement en ceci : Au terme de six mois de purifications et d'oraisons adressées à Dieu, lorsque l'opérateur est enfin prêt et élevé dans la grâce du Seigneur, il évoquera alors son Ange Gardien afin qu'il puisse s'enquérir de ses précieuses instructions dans l'Opération. Suite à cela, il évoquera tour à tour sous apparence visible les Esprits démoniaques, à savoir, les quatre Princes Souverains en plus des 8 Sous-Princes et leurs ministres. Certains d'entre eux possèdent des noms qui ne sont que trop familiers chez les occultistes, notamment, Lucifer, Léviathan, Satan et Bélial. Ces Esprits, donc, (lire plutôt démons) auront à prêter serment quant à leur état de servitude envers l'opérateur. Ils assigneront ensuite des Esprits Inférieurs qui devront eux aussi jurer allégeance afin de produire les effets des *Signes* qui leur seront assignés. Voilà en quoi consiste l'Opération d'Abramelin ; elle s'exécute par le concours d'Esprits Malins, contraints par l'autorité du magicien qui œuvre dans la divine présence de son Ange et du Dieu Suprême.

Finalement, quant au Troisième Livre, ce dernier est un recueil de tous les carrés magiques servant aux Opérations, 246 au total, avec la description de leurs surprenants effets et la manière de s'en servir. Le livre s'achève sur divers conseils et d'autres remarques pour le bon fonctionnement de l'œuvre.

Ceci étant dit, je crois que l'étudiant sincère trouvera dans cette transcription une quantité d'informations essentielles et précieuses. Car ce livre possède plusieurs points communs avec d'autres textes magiques. Citons notamment l'*Heptameron ou les Éléments Magiques* de Pierre d'Aban et l'*Ars Goetia ;* deux ouvrages datant d'une époque similaire et traitant également d'évocations magiques. Et tout comme pour l'Opération d'Abramelin, il est traité dans ces grimoires de la façon dont le magicien peut parvenir, au moyen de conjurations, à évoquer des Esprits sous apparence visible, dans le but de les contraindre à lui obéir au nom de l'autorité divine dont il est investi.

Tous ces Arts se ressemblent donc beaucoup. Les seules différences, à toutes fins pratiques, entre le Livre d'Abramelin, l'Heptameron et la Goetia est que le premier fait appel à la guidance d'un Ange Gardien pour présider l'Opération, et qu'au lieu d'utiliser un cercle magique et un triangle pour y faire apparaître les Esprits démoniaques, il utilise plutôt un Oratoire et une Terrasse dédiés aux mêmes services.

On remarquera également qu'à l'instar des grimoires traditionnels, où il est d'usage d'y classer les Esprits selon leurs offices et champs de compétence, la technique d'Abramelin s'en remet plutôt au seul jugement des Esprits Souverains afin qu'eux-mêmes assignent les subordonnés qu'ils croient aptes à accomplir les effets recherchés.

En prenant tout ceci en perspective, il devient alors aisé de comprendre pourquoi ceux qui affectionnent la magie évocatoire apprécieront tout particulièrement la Magie Sacrée d'Abramelin.

Un autre point d'intérêt de l'Opération est l'emploi d'un enfant en guise de médium. La fonction principale de ce dernier étant de voir et recevoir les messages de l'Ange Gardien. Jamais Abraham n'indique que l'opérateur puisse s'en passer s'il possédait lui-même la faculté de clairvoyance. Je crois que c'est plutôt la façon de faire de jadis, d'avoir recours à un clairvoyant tandis que le magicien s'occupait de tous les tenants et aboutissants de l'opération magique.

Cela m'offre un intéressant parallèle avec le Rosicrucien Frederick Hockley qui employait les services d'une médium ou « *seer* », et tout comme le faisait également John Dee, occultiste élisabéthain et Edward Kelly, son médium, qui recevait les messages des Anges à travers un cristal; duo à qui l'on doit le langage dit angélique de la Magie Énochienne.

Nous pourrions facilement trouver d'autres similitudes avec divers occultistes, magiciens et systèmes magiques, mais ce qui fut dit sera amplement suffisant pour donner quelques pistes à l'étudiant désireux de faire ses propres recherches et rapprochements.

Des Signes ou Carrés Magiques

Le côté pratique de l'Opération d'Abramelin concerne l'utilisation de carrés magiques ou *Signes* comme il est souvent mentionné dans le texte. Ce sont des pentacles cabalistiques employés sous forme de pseudo acrostiches. Souvent, les lettres utilisées peuvent être lues de manière identique dans plusieurs sens, tout comme le populaire carré de SATOR, tiré de la *Clavicules de Salomon* :

S	A	T	O	R
A	R	E	P	O
T	E	N	E	T
O	P	E	R	A
R	O	T	A	S

Comme il est écrit dans le Livre Premier, presque tous les Signes du 3e Livre sont écrits avec des lettres appartenant à la 4e Hiérarchie angélique dont les paroles mystérieuses contenant le secret, proviennent de la langue hébraïque, latine, grecque, chaldéenne, perse, et arabe. Abraham ne donne malheureusement aucune autre indication sur la provenance de ces Signes cabalistiques ni de la signification des lettres employées pour leur confection.

Certains auteurs affirment que les Signes provenant du Ms. 2351 sont incomplets et que ce dernier manuscrit serait le moins fiable parmi les copies en existence. Côté fiabilité, je crois que seuls l'expérience personnelle et les efforts de celui qui pratiquera l'Opération sera en mesure de le démontrer.

Quant aux carrés magiques dits incomplets, on remarquera que de nombreux Signes comportent des espaces vides et des lettres isolées. Ce qui est tout de même étonnant, c'est que si tel était le cas, comment donc expliquer que dans la plupart des carrés *incomplets*, seule une lettre, souvent la même, est flottante ? En plus de cela, la disposition des lettres isolées semble souvent suivre un certain schéma, parfois même symétrique.

Par ailleurs, selon les manuscrits allemands, les lettres ne seraient pas placées en forme de carrés magiques mais plutôt écrites de gauche à droite, tout simplement. Raison de plus pour se demander comment le copiste du Ms. 2351 serait-il arrivé à placer des lettres uniques à certains endroits bien précis ? Nous ne le saurons probablement jamais.

Quoi qu'il en soit, mon but n'est pas de discourir trop longuement sur ces détails. Une étude approfondie sur les Signes d'Abramelin pourrait faire l'objet d'un livre à elle seule. Je vais donc me borner pour cette édition de vous donner la réplique exacte de tous les carrés magiques tels qu'ils le sont dans le manuscrit que j'ai reproduit.

J'ai retracé avec soin tous les 246 Signes, un par un, en les validant tous à au moins trois reprises chacun pour m'assurer d'une fidèle reproduction. J'ai également comparé et contrevérifié lesdits Signes avec la version de Mathers pour les fois où il y aurait des différences notables, et le cas échéant, cela fut annoté en bas de page.

De la transcription

Côté technique, le manuscrit est rédigé à l'encre noire et rouge, en lettres attachées, et fait preuve d'une assez belle calligraphie. Et malgré qu'il soit assez facile à lire, une fois que l'on devient habitué au style de plume de son auteur, notamment pour certaines consonnes, il comporte néanmoins une caractéristique très particulière, voire même exaspérante par moment. En effet, le texte ne comporte pour ainsi dire aucun signe de ponctuation, ni virgule, ni majuscule, et très peu de paragraphe. Vous pouvez alors imaginer le travail colossal pour parvenir à passer au travers de trois livres qui ressemblaient plutôt, et j'exagère à peine, à trois très longues phrases interminables.

Le copiste n'ayant pratiquement jamais utilisé de points, il m'était impossible au premier coup d'œil de savoir où se terminait une phrase et où commençait la suivante.

Pour surmonter ce défi, je suis passé par de nombreuses étapes. J'ai dû faire une première transcription rapide du texte sans me soucier de la ponctuation. J'ai ensuite validé chaque mot, un par un, formant ainsi les phrases ; une tâche extrêmement longue et ardue pour laquelle je me suis servi pour me guider de ma copie personnelle de Mathers, essayant de déterminer avec soin, et par de nombreuses comparaisons, où pouvaient commencer et se terminer chacune des phrases. Suite à cela, j'ai vérifié côte à côte mon texte en le comparant une fois de plus au manuscrit original. Puis, finalement, après de nombreuses lectures et relectures, après maintes éditions et rééditions, j'en suis parvenu à cette version complètement formatée et, je l'espère, aussi compréhensible que faire se peut.

Mais le plaisir ne s'arrêta pas là. Effectivement, je fus rapidement confronté à un autre problème : la qualité de la grammaire utilisée par le copiste qui, rappelons-nous, traduisit le manuscrit de l'hébreu (ou de l'allemand selon certaines sources).

Par ailleurs, la tournure des phrases était parfois, non, souvent, plutôt nébuleuse et obscure. J'avoue qu'il devenait tentant de retravailler le manuscrit et de réécrire entièrement certains passages dans un style plus facile à lire. Mais en même temps, bien que je comprenne cette attitude et ce désir d'améliorer un texte de magie, c'est exactement ce que je déplore avec la plupart des occultistes qui remanient leurs propres transcriptions. Je préfère de loin avoir le texte original, mot à mot et tel quel, puis me faire moi-même, selon ma compréhension, ma propre idée du message véhiculé par son auteur plutôt que de lire des phrases retravaillées selon l'interprétation personnelle de celui qui les a retranscrites.

C'est donc pour ces raisons que j'ai laissé le texte intact, dans son intégralité, et non pas paresse. Vous seriez surpris du nombre incalculable d'heures qu'un tel travail exige. C'est vraiment un travail de passion et j'espère pouvoir vous la communiquer.

Mon intention ayant toujours été d'offrir au lecteur une copie du manuscrit imprimée et aussi identique que possible ; une *transcription* authentique (et non une *correction,* hormis pour les fautes d'orthographe), comme si vous teniez ces pages âgées et brunies entre vos mains. Et c'est pour cela donc que je prie le lecteur de me pardonner à l'avance pour ces tournures de phrases étranges qu'il rencontrera ici et là et qui lui demanderont parfois le petit effort d'une relecture.

Toujours dans cet esprit d'authenticité, lorsque cela était approprié, j'ai fait l'emploi de [crochets] pour faire suivre une correction ou une brève explication à même la phrase, sans pour autant rapporter le lecteur à une note de bas de page, reprenant le sens d'un mot ou d'une expression portant à confusion. Ainsi, tout ce qui se retrouve entre crochets est un ajout de ma part et n'est pas présent dans l'original.

Lorsqu'au contraire certains mots ne semblaient faire aucun sens, j'optai pour des (parenthèses) afin de les exclure, mais tout en les laissant néanmoins visibles dans le texte, tel qu'on les retrouve dans le manuscrit.

Pour le reste, vous pouvez être assuré que vous tenez entre les mains la plus exacte transcription du Ms. 2351 qui existe à ce jour, toutes éditions confondues. Et si cela est l'effet que vous procure la lecture de ce livre, alors mon but sera pleinement atteint. J'espère que vous en ferez bon usage.

M-A Ricard ~555

Samhain, 31 octobre 2020.

LIVRE PREMIER

de la Sacreé Magie
que Dieu donna à Moyse
Aaron David Salomon,
& à d'autres Saints Patr
iarches & Prophetes,
qui enseigne la Vraye
Sapience Divine, laisseé
par Abraham, à
Lamech son Fils
traduite de l'hebreu

1458

LIVRE PREMIER

de la Sacrée Magie que Dieu donna à Moïse, Aaron, David, Salomon, & à d'autres Saints Patriarches & Prophètes, qui enseigne la Vraie Sapience Divine, laissée par Abraham, à Lamech son Fils, traduite de l'hébreu.

1458.

LIVRE PREMIER
DE LA SACRÉE MAGIE

UOIQUE ce Premier Livre serve plutôt de prologue que de règle pour acquérir cette Divine et Sacrée Magie, néanmoins tu y trouveras, ô Lamech mon Fils, des exemples et des circonstances qui ne seront pas moins utiles et fructueuses que les préceptes et dogmes que je donnerai dans les Second et Troisième Livres.

C'est pourquoi tu ne négligeras pas la lecture de ce Premier Livre qui te servira d'acheminement à la Véritable et Sacrée Magie et à la pratique d'icelle, que je, ABRAHAM, fils de SIMON, ai apprise en partie de mon père, en partie des fidèles et sages hommes et je l'ai trouvée vraie et réelle, l'ayant éprouvée et expérimentée, et l'ayant écrite de ma propre main, je l'ai déposée et fermée dans cette cassette comme un trésor très précieux, afin que tu, étant parvenu à l'âge parfait, puisses aussi avec ton frère l'aîné Joseph, lequel comme premier-né, a reçu de moi la Sacrée tradition de la Cabale. Admire, considère et jouis des merveilles du Seigneur.

CHAPITRE PREMIER

 AMECH, si tu veux savoir la cause pourquoi je te donne ce Livre, c'est que, si tu considères ton état qui est d'être un fils dernier-né, tu connaîtras par là qu'il t'appartient et je commettrais une grande faute si je te privais de cette Grâce que Dieu m'a accordée avec tant de profusion et de libéralité.

Je ferai donc tous mes efforts dans ce Premier Livre de fuir et éviter la prolixité des paroles, ayant seulement en vue l'ancienneté de cette vénérable et indubitable Science, parce que la vérité n'a pas besoin d'éclaircissement et d'exposition, elle étant simple et droite.

Sois seulement obéissant à tout ce que je te dirai, te contentant de la simplicité, sois bon et réel, et tu acquerras plus de bien que je ne saurais t'en promettre.

Dieu seul et Très-Saint accorde à tous les grâces nécessaires à pouvoir comprendre et pénétrer les Hauts Mystères de la Cabale et de la Loi, mais ils doivent se contenter de ce que le Seigneur leur accorde, parce que voulant, contre sa Divine

Volonté, voler plus haut comme fit Lucifer, leur procure une chute très honteuse et fatale.

C'est pourquoi il faut être extrêmement prudent, et considérer l'intention que j'ai eue en décrivant cette Opération, parce que, attendu ta grande jeunesse, je ne tâche autre chose que de t'animer à la recherche de cette Sacrée Magie, mais la manière de l'acquérir viendra ensuite dans toute sa perfection et dans son temps, car elle te sera enseignée par de meilleurs maîtres que moi, c'est-à-dire par les mêmes Sts Anges de Dieu.

Aucun ne naît maître dans ce monde, et pour cela nous sommes obligés d'apprendre. Celui qui s'applique et étudie, apprend, et un homme ne peut avoir un titre plus honteux et plus mauvais que celui d'ignorant.

CHAPITRE SECOND

E confesse donc que moi aussi, je ne suis pas né maître, ni d'avoir inventé de mon propre génie cette Science, mais je l'ai apprise par d'autres en la manière que je te dirai ci-après en vérité.

SIMON, mon père, un peu avant sa mort, me donna quelques signes et instructions de la manière comment il fallait acquérir la Sacrée Cabale, mais il est pourtant vrai qu'il ne procédait pas par la vraie voie dans ce sacré ministère et je ne pouvais pas ni me savoir l'entendre suffisamment et parfaitement, comme la raison le demandait. Mon père fut toujours content et satisfait d'un tel savoir, et il ne chercha pas plus avant la Véritable Science et Art Magique que je prétends t'enseigner et te révéler.

Après sa mort, me trouvant âgé de 20 ans, j'avais une passion extrême de savoir les véritables mystères du Seigneur, mais de ma propre force, je ne pouvais pas arriver à ce point où je prétendais parvenir.

J'appris qu'à Mayence, il y avait un Rabbin qui était un grand savant, et le bruit courait qu'il possédait pleinement la Divine Sapience. Le grand désir que j'avais d'apprendre me porta à aller le trouver pour l'apprendre. Mais aussi celui-ci n'avait pas reçu du Seigneur le Don et une Grâce parfaite, parce que quoiqu'il s'efforçât de me manifester quelques hauts mystères de la Sacrée Cabale, il n'arrivait point au but, et dans la Magie, il ne se servait point de la Sapience du Seigneur, mais de quelques Arts et superstitions de peuples infidèles et idolâtres, tirés en partie des Égyptiens, avec des images des Mèdes et des Persans, avec des herbes des Arabes, avec les Étoiles et Constellations et, finalement, il avait tiré de chaque peuple et nation, même des Chrétiens, quelques Arts Diaboliques. Et les Esprits en tout, l'aveuglaient tellement, en lui obéissant en quelque chose de peu de conséquences et ridicule, qu'il croyait que son aveuglément et son erreur était la Véritable Magie, et il ne poussait pas plus avant sa recherche de la Véritable et Sacrée Magie. J'appris aussi les expériences extravagantes et je demeurai dix ans enseveli dans cette erreur, jusqu'à ce qu'après les dix ans, j'arrivai en Egypte, chez un savant vieillard qui se nommait ABRAMELIN, qui me mit dans la véritable Voie, comme je le dirai ci-après, et il me donna la meilleure instruction et doctrine de tous les autres; mais cette Grâce particulière me fut accordée par le Père Tout-Puissant de toute Miséricorde, c'est-à-dire Dieu Tout-Puissant qui illumina peu à peu mon entendement, et m'ouvrit les yeux pour voir et admirer, contempler et apprendre sa Divine Sapience, de sorte qu'il me fut possible d'entendre et de comprendre de plus en plus le Sacré Mystère par lequel je vins en connaissance des Saints Anges, jouissant de leur vue et de leur sainte conversation; desquels je reçus ensuite le fondement de la Véritable Magie, et comment je pouvais dominer et commander les Esprits Malins. De sorte que, pour conclusion de ce Chapitre, je ne peux pas dire d'avoir reçu autrement la réelle instruction sinon d'ABRAMELIN, et la Véritable et Incorruptible Magie des Sts Anges de Dieu.

CHAPITRE TROISIÈME

'AI déjà dit dans le Chapitre précédent que peu après la mort de mon père, je m'attachai à la recherche de la Véritable Sapience et du Mystère du Seigneur. Maintenant, je citerai brièvement dans ce Chapitre, les lieux et pays que j'ai parcouru pour tâcher d'apprendre de bonnes choses. Et je fais cela afin qu'il te serve d'exemple et de règle pour ne point consumer ta jeunesse en des choses viles et inutiles, comme font les petites femelles auprès du feu. Car il n'y a rien de plus déplorable et de plus indigne à un homme, que de se trouver dans les occasions un ignorant.

Celui qui pratique et voyage, apprend, et celui qui ne sait pas se conduire et se gouverner hors de sa patrie, le saura encore moins dans sa propre maison. Je demeurai donc après la mort de mon père 4 ans avec mes frères et sœurs, et je m'étudiai avec soin de mettre à profit ce que mon père m'avait laissé après sa mort, et, voyant que mes moyens n'étaient pas suffisants à subvenir aux dépenses que j'étais obligé de faire, après avoir mis ordre à toutes mes affaires et négoces. Autant que mes forces me le permettaient, je partis et j'allai dans la Vormatie, à Mayence, pour y trouver un Rabbin très vieux, nommé Moïse, dans la pensée que j'avais trouvé en lui ce que je cherchais. Comme je l'ai dit dans le Chapitre précédent, sa Science n'avait aucun fondement tel que celui de la Véritable Science Divine. Je demeurai pourtant 4 ans avec lui, perdant misérablement tout ce temps-là, et me persuadant moi-même d'avoir appris tout ce que je souhaitais savoir, et je ne pensais qu'à m'en retourner à ma maison paternelle.

Je rencontrai casuellement un jeune homme de notre secte, nommé Samuel, natif de Bohème, dont les mœurs et les façons donnaient à connaître qu'il souhaitait de vivre, marcher et mourir dans la Voie du Seigneur et dans sa Sainte Loi ; et je fis une liaison d'amitié si étroite avec lui, que je lui déclarai mes sentiments et toutes mes intentions. Comme il avait résolu de faire un voyage à Constantinople pour y joindre un frère de son père, et de là, passer à la Terre Sainte, en laquelle vécurent nos prédécesseurs et de laquelle, par nos très grandes erreurs et méfaits, nous avons été chassés et rejetés de Dieu. L'ayant voulu ainsi, d'abord qu'il m'eut témoigné son dessein, il me prit une envie extraordinaire d'aller avec lui et le suivre dans son voyage. Et je crois que Dieu Tout-Puissant voulut, par un tel moyen m'éveiller, puisque je ne pouvais avoir aucun repos jusqu'au moment que nous nous donnâmes parole et nous jurâmes réciproquement de faire le voyage ensemble.

Le 13e jour de février, en l'année 1397, nous

commençâmes notre voyage, passant par l'Allemagne, la Bohème, l'Autriche, et de là par la Hongrie et la Grèce, [jusqu'] à Constantinople où nous restâmes deux ans, et je n'en serais jamais parti, si la mort [ne] m'eut enlevé SAMUEL ensuite d'une maladie accidentelle.

Me voyant seul, il me prit une nouvelle démangeaison de voyager, et tellement mon cœur y était porté, que j'errais d'un lieu à un autre ; tellement que j'arrivai en Egypte, où étant errant pendant 4 ans, de côté de d'autres, tant plus je faisais d'expériences de la Magie de Rabbin MOÏSE, d'autant moins elle me plaisait.

Je poursuivais mon voyage vers notre ancienne patrie, où pendant un an que je fis ma résidence, je ne vis ni entendis autre chose que des misères, des calamités [et] des malheurs. Après ce temps-là, je trouvai un Chrétien, qui aussi voyageait pour trouver ce que je cherchais moi aussi. Ayant fait [un] accord ensemble, nous résolûmes d'aller dans les solitudes d'Arabie, à la recherche de ce que nous souhaitions, étant certains comme on nous l'avait assuré, qu'il y avait en ces endroits des hommes justes et très savants, qui y demeuraient pour pouvoir étudier sans aucun empêchement et s'adonner à cet Art ; nous cherchâmes mais ne trouvant rien qui en valut la peine et qui fut digne de notre attention.

Il me vint une pensée extravagante de n'aller pas plus avant, et de m'en retourner chez moi. Je communiquai mon intention à mon compagnon, mais il voulut suivre son entreprise et chercher sa bonne fortune ; et je [m'en] retournai.

CHAPITRE QUATRIÈME

 MON retour, je commençai à faire réflexion au temps que j'avais perdu dans ce voyage et aux grandes dépenses que j'avais faites, sans aucun fruit et sans avoir fait aucune acquisition de ce que je souhaitais et qui m'avait occasionné à entreprendre ce voyage. J'avais pourtant pris la résolution de m'en retourner chez moi en sortant de l'Arabie Déserte par la Palestine, [puis] en Egypte ; et je mis six mois en ce voyage. J'arrivai finalement à une petite ville appelée ARACHI, située sur le bord du Nil, où je logeais chez un vieux Juif qui s'appelait AARON, où j'avais déjà logé en mon voyage, et je lui communiquais mes sentiments. Il me demanda comment j'avais fait mes affaires, et si j'avais trouvé ce que je souhaitais. Je lui répondis tristement que je n'avais rien fait et je lui fis un récit exact des travaux et peines que j'avais essuyés, et mon récit était accompagné de larmes que je versais en abondance, de sorte que je m'attirai la compassion de ce bon vieillard, et

il commença à apporter du soulagement à mes peines en me disant que pendant mon voyage, il avait entendu dire que dans un lieu désert, peu éloigné de ladite ville d'ARACHI, demeurait un homme très savant et pieux, dont le nom était ABRAMELINO ; et il m'exhorta puisque j'avais tant fait à ne pas manquer de le visiter, que, peut-être, Dieu Très-Miséricordieux pourrait me regarder en pitié et m'accorder ce que je souhaite justement. Il me parut d'entendre une voix non-humaine mais céleste, et je sentis une joie dans mon cœur telle que je [ne] saurais l'exprimer ; et n'eus ni cesse ni repos jusqu'à ce que AARON me trouvât un homme qui me conduisit au premier lieu prochain, par lequel, marchant sur un sable menu pendant trois jours et demi sans voir aucune habitation, j'arrivai finalement au pied d'une colline un peu élevée, tout entourée d'arbres. Et mon guide [dit alors] : « Dans ce petit bois habite l'homme que vous cherchez » ; et, m'ayant montré l'endroit, il ne voulut jamais aller plus avant. Et ayant prit congé de moi, il s'en retourna par le même chemin avec son mulet, lequel avait servi pour nous porter les vivres nécessaires à la vie. Et me trouvant alors dans un tel état, je ne trouvai pas autre conseil et parti à prendre que celui de me soumettre à l'aide de la Divine Providence, en invoquant son Très-Saint Nom, qui m'accorda d'abord sa Très-Sainte Grâce, car en levant les yeux où fut cet endroit, je vis venir vers moi un vénérable vieillard qui, en langue chaldéenne, me salua avec amour, m'invitant d'aller avec lui dans son habitation ; ce que j'acceptai avec un extrême plaisir, connaissant dans le moment combien est grande la Providence du Seigneur.

Le bon vieillard avait de bonnes manières avec moi, et me traitait fort humainement, et pendant une infinité de jours, il ne me parla jamais d'autres choses que de la crainte de Dieu, m'exhortant toujours à mener une vie réglée et, de temps en temps, me parlait de quelques erreurs que l'homme commettait par fragilité humaine, et me faisait connaître qu'il détestait l'acquisition que nous faisons dans nos villes des richesses et biens avec de si grandes usures et dommages [au détriment] du prochain. Il exigea de moi une promesse solennelle et très exacte de changer de vie et de vivre, non selon nos faux dogmes, mais dans la Voie et Loi du Seigneur. Ce qu'ayant observé inviolablement dans la suite, étant parmi mes parents et autres Juifs, je passais parmi eux pour un méchant homme ; mais je disais en moi-même : « Que la volonté de Dieu se fasse, et que le respect humain ne nous en détourne pas, car l'homme est trompeur ».

Ledit ABRAMELIN, connaissant l'ardent désir que j'avais d'apprendre, il me donna deux livres manuscrits, quasi de la même forme, que ceux que je te laisse, ô LAMECH mon fils ; mais très obscurs : et il me dit de les copier pour moi avec soin, ce que je fis, et je les examinai bien l'un et l'autre. Et il me demanda si j'avais de l'argent. Je lui répondis que oui. Il me dit qu'il fallait dix florins d'or qu'il devait lui-même, suivant l'ordre que le Seigneur lui en avait donné, en faire l'aumône à soixante-douze pauvres qui étaient obligés à dire quelques Psaumes, et qu'ayant fait la Fête du Samedi, qui est le Jour du Sabbat, il partirait pour aller à ARACHI, par ce qu'il était nécessaire qu'il les distribua lui-même. Et [ensuite il] m'ordonna de jeûner trois jours, savoir : le mercredi, le jeudi, le vendredi suivants ; me contentant de faire un seul repas, où il n'y eut point de sang ni de choses mortes, et il me commanda de faire ces commencements avec exactitude et de ne pas manquer en la moindre chose, car, pour bien opérer, il est très nécessaire de bien commencer, et il m'ordonna de dire tous les sept Psaumes de David une seule fois en ces trois jours ; et de ne faire ni pratiquer aucune opération servile.

Le jour étant venu, il partit et porta avec lui l'argent que je lui avais donné. Je lui obéis fidèlement, exécutant de point en point ce qu'il m'avait ordonné. Son retour fut quinze jours après, et étant finalement arrivé, il m'ordonna de faire le jour suivant, qui était un mardi, avant le lever du soleil, avec une grande humilité et dévotion, une confession générale de toute ma vie au Seigneur, avec un véritable et ferme propos, et résolution de le servir et le craindre, autrement que je n'avais fait par le passé, et de vouloir vivre et mourir dans sa très Sainte Loi et Obéissance. Je fis ma confession avec toute l'attention et exactitude convenable, qui dura jusqu'au coucher du soleil; et le jour suivant, je me présentai à ABRAMELIN, qui d'un visage riant me dit: « C'est ainsi que je vous veux pour toujours ».

Il me conduisit dans son propre appartement où je pris les deux petits manuscrits que j'avais copiés, et il me demanda si vraiment, et sans crainte, je souhaitais la Science Divine et la Vraie Magie. Je lui répondis que c'était la seule fin et l'unique motif qui m'avaient obligé à entreprendre un si long et si pénible voyage, dans la vue de recevoir du Seigneur cette Grâce. « Et moi, me dit ABRAMELIN, me confiant en la Miséricorde du Seigneur, je te donne et accorde cette Sacrée Science que tu devras acquérir en la manière qu'il t'est prescrite dans les deux petits livrets, sans omettre la moindre chose imaginable de leur contenu, et de ne point gloser sur ce qui peut être ou ne pas être, parce que l'Artiste qui a fait l'ouvrage est le même Dieu qui, du Néant, a fait toutes choses. Tu ne te serviras point de cette Sacrée Science pour offenser le Grand Dieu et desservir ton prochain, tu ne la communiqueras à personne vivante que tu ne connaisses à fond par une longue pratique et conversation avec elle, examinant bien si une telle personne est dans l'intention de s'en bien servir pour le Bien ou pour le Mal. Et voulant la lui donner, tu observeras bien ponctuellement le style dont je me suis servi envers toi. Si tu fais autrement, celui qui la recevrait n'en tirerait aucun fruit. Garde-toi, comme tu ferais d'un serpent, de négocier cette Science et d'en faire marchandise, parce que les grâces du Seigneur nous sont données libres et gratis, et on ne doit point les vendre. Cette Véritable Science durera en toi et ta génération 72 ans[1], et ne se maintiendra pas davantage dans notre Secte. Que la curiosité ne pousse pas à savoir la cause de cela, mais figure-toi que nous sommes si bons que notre Secte est devenue insupportable, non seulement à tout le genre humain, mais encore à Dieu même. » Je voulus me mettre à genoux en recevant ces deux petits livrets, mais il me gronda en me disant qu'on ne devait fléchir le genou que devant Dieu.

J'avoue que les deux livres étaient si exactement écrits, que tu, LAMECH mon fils, pourras les voir après ma mort, et tu connaîtras la déférence dont je me sers avec toi. Il est vrai qu'avant mon départ, je les lus bien et je les étudiai, et où je trouvais des obscurités difficiles, j'avais recours à ABRAMELIN qui, avec charité et patience, me les éclaircissait. Étant bien instruit, je pris

---

1   Ceux versés quelque peu dans la Cabale remarqueront le lien avec le Shemhamphorash et les 72 Noms de Dieu.

congé de lui, et avant reçu sa bénédiction paternelle ; signe qui non seulement est en usage parmi les Chrétiens, mais qui l'était aussi parmi nos prédécesseurs ; et je partis et je pris la route de Constantinople où, étant arrivé, je tombai malade. Et ma maladie dura deux mois, mais le Seigneur, par sa Miséricorde, m'en délivra de sorte que peu de temps après je repris mes forces *mes forces* [*sic*], et trouvant un vaisseau prêt à partir pour Venise, je m'embarquai et j'y arrivai ; et ayant reposé quelques jours, je partis pour aller à Trieste où, ayant débarqué, je pris la route par terre de la Dalmatie où j'arrivai, à la fin, à ma maison paternelle où je vécus parmi mes parents et mes frères.

CHAPITRE CINQUIÈME

 L ne suffit pas de courir et voyager et voir plusieurs pays si l'on n'en tire quelque utilité. C'est pourquoi, pour donner exemple, je parlerai dans ce Chapitre des mystères de cet Art que je trouvai de côté d'autres[2] en voulant dans le monde, des

---

2   Çà et là.

qualités et connaissances de leurs Sciences ; et dans le Chapitre 6ᵉ suivant, je raconterai les choses que j'ai apprises et vues de quelques-uns d'eux et comment, dans la pratique réelle, je les trouvai vraies ou fausses. J'ai déjà dit ci-dessus que mon premier maître avait été le Rabbin MOÏSE à Mayence, qui était vraiment [un] bon homme, mais ignorant tout à fait du Vrai Mystère et de la Véritable Magie. Il s'attachait seulement à quelques secrets superstitieux qu'il avait recueillis de divers infidèles, pleins de balivernes et fadaises, des Payens, et des Idolâtres ; de sorte *de sorte* [*sic*] que les Bons Anges et Esprits Saints l'ont jugé indigne de leur visite et conversation, et les Esprits Malins se moquaient de lui d'une manière ridicule. Quelquefois, ils lui parlaient par caprice et volontairement et lui obéissaient dans des choses viles, profanes, et de nulle valeur, pour le mieux attraper et tromper et l'empêcher qu'il ne cherchât plus avant le véritable et certain fondement de cette Grande Science.

A Argentine, je trouvai un Chrétien, appelé JACQUES, qui était réputé pour un homme savant et fort habile, mais son Art était un art de bateleur ou joueur de gobelets, et non de Magicien.

En la ville de Prague, je trouvai un homme scélérat nommé ANTOINE, âgé de 25 ans, qui, en vérité, me montra des choses admirables et surnaturelles, mais Dieu nous en préserve de tomber dans une si grande erreur ; car le scélérat infâme m'avoua d'avoir pactisé avec le Démon, et de s'être donné à lui en corps et en âme, et d'avoir renoncé à Dieu et à tous les Saints ; et par contre, le fourbe LÉVIATHAN lui avait promis 40 ans de vie pour faire sa volonté. Il fit les efforts selon qu'il s'était obligé dans son Pacte, de me persuader et m'entraîner dans le précipice de la même erreur et misère ; mais je m'en éloignai d'abord et je pris la fuite. Encore aujourd'hui, on chante par les rues l'épouvantable fin qu'il fit ; préservez-nous Seigneur, Dieu de Clémence, d'un tel malheur. Cela nous doit servir de miroir pour faire éloigner de nous les mauvaises entreprises et les curiosités pernicieuses.

En Autriche, j'en trouvai une infinité, mais tous étaient ou ignorants ou semblables aux Bohémiens.

Au Royaume d'Hongrie, je ne trouvai autre que des gens ne connaissant pas ce que c'était Dieu ni Diable, et qui étaient pires que des bêtes.

Dans la Grèce, je trouvai plusieurs hommes sages et prudents, mais tous pourtant étaient infidèles, parmi lesquels trois principalement habitaient les déserts, qui me montrèrent de grandes choses, comme d'exciter des tempêtes sur le champ ; de faire paraître le soleil la nuit ; arrêter le cours des rivières et faire paraître la nuit à midi ; et tout cela par la force de leurs enchantements, en y appliquant des cérémonies superstitieuses.

Près de Constantinople, dans un endroit appelé Ephiha, il y [en] avait un qu'à la place des enchantements, se servait de certains nombres qu'il écrivait sur la terre, et par moyen d'iceux, il faisait paraître certaines visions extravagantes et épouvantables; mais dans tous ces Arts, il n'y avait aucune utilité, mais seulement la perte de l'âme et du corps, parce que tous n'agissaient que par Pactes exprès, qui n'avaient aucun véritable fondement. Et tous ces Arts demandaient un très long espace de temps, et ils étaient très faux, et lorsqu'ils ne réussissaient pas, ils avaient toujours presque mille excuses et mille menteries.

Dans la même ville de Constantinople, je trouvai deux hommes de notre Loi, savoir: Simon et le Rabbin Abrahame, que l'on pouvait comparer à Rabbin Moïse de Mayence.

Dans l'Egypte, la première fois je trouvai cinq personnes qui étaient estimées et réputées pour des hommes savants, parmi lesquels, quatre, savoir: Horay, Abimech, Alcaon, et Orilach, qui faisaient leurs Opérations par le moyen du cours des Etoiles et des Constellations, ajoutant plusieurs Conjurations Diaboliques et des Oraisons impies et profanes, et les faisant avec grande difficulté. Le cinquième, nommé Abimelu, opérait par moyen et l'aide des Démons, auxquels il dressait des statues en sacrifice et ainsi ils le servaient de leurs Arts abominables.

Dans l'Arabie, on se servait de plantes, d'herbes et de pierres, tant précieuses que communes.

La Divine Miséricorde m'inspira de m'en retourner, et me conduisit à Abramelin, qui fut celui qui me déclara le Secret et m'ouvrit la fontaine et la véritable source du Sacré Mystère, et de la Véritable *source du Sacré Mystère et de la Véritable* [*sic*] et Ancienne Magie que Dieu avait donnée à nos anciens pères.

Je trouvai aussi à Paris un homme savant, appelé Joseph, lequel ayant renié la foi Chrétienne, s'était rendu Juif. Celui-ci pratiquait véritablement la Magie en la même manière d'Abramelin, mais il s'en fallait beaucoup qu'il arriva à la perfection; parce que Dieu, qui est juste, n'accorde jamais le parfait, véritable, et fondamental Trésor, à ceux qui le renient, quoiqu'ils fussent au reste de leur vie les hommes les plus saints et justes du monde. Je suis étonné quand je considère l'aveuglement de plusieurs personnes qui se laissent induire par de mauvais maîtres, qui se plaisent dans la fausseté, et pour mieux dire, du Démon même; s'adonnant à des Sorcelleries et à des Idolâtries, l'un d'une manière, l'autre d'une autre, avec la perte de leur âme. Mais la vérité est si grande, le Diable est si fourbe et malin, et le monde si fragile et si infâme, que je dirai que cela ne peut être autrement. Ouvrons donc les yeux, et suivons ce que je dirai dans les Chapitres suivants; et ne marchons pas par une autre Voie faite du Diable, ou des hommes, ou des Livres qui se vantent de Magie; car je vous déclare en vérité d'en avoir une si grande quantité, écrits avec tant d'Art, que si je n'avais pas eu ceux d'Abramelin, j'y aurai donné dedans. Il est pourtant vrai, comme il n'y a qu'un Dieu, qu'aucun de ces Livres ne valait pas un obulus[3]. Avec tout cela, il y a des hommes si aveugles qui les achètent [à] des prix exorbitants, et ils perdent leur argent, leur temps et leurs peines, ce qui pis [aussi pire] est bien souvent leurs âmes.

CHAPITRE SIXIÈME

A crainte du Seigneur est la Véritable Sapience, et celui qui ne l'a point, ne peut pénétrer les Vrais Secrets de la Magie, et il bâtit sur un fondement de sable, et son édifice ne durera point. Le Rabbin Moïse me persuadait à être sage, pendant que lui, avec des paroles que lui-même n'entendait pas, ni aucun autre, et avec des figures extravagantes faisait sonner les cloches; et lorsqu'avec des conjurations exécrables faisait voir dans les verres celui qui avait fait le [commis un] vol; et, lorsqu'il faisait une eau, faisait paraître jeune un

---

3   Une pièce; unité monétaire de jadis.

vieillard et que cela ne durait que deux heures et pas davantage ; lesquelles choses me les enseigna toutes, mais tout cela n'était que vanité, curiosité vile, une pure tromperie du Démon n'apportant aucune utilité imaginable, ce qui tendait à la perte de l'âme. Ces Secrets d'abord que j'eus [de] la Véritable Connaissance de la Sacrée Magie, je les oubliai, et les bannis de mon cœur.

Cet impie Bohème, avec l'aide et l'assistance de son associé, faisait des choses étonnantes. Il se rendait invisible, il volait en l'air, il entrait par les trous des serrures dans les appartements fermés, il savait dire ce que nous avions de plus secret, et il me dit une fois des choses que Dieu seul pouvait les savoir. Mais son Art lui coûta trop cher, car le Diable le fit jurer dans son Pacte qu'il se servirait de tous ses Secrets pour desservir Dieu et au préjudice de son prochain.

Son corps fut trouvé, traîné par les rues, et sa tête sans langue, dans un cloaque. Et ce fut là tout le profit qu'il tira de la Science et Magie Diabolique.

Dans l'Autriche, je trouvai une infinité de magiciens qui ne s'occupaient qu'à tuer et estropier les hommes, mettre la discorde parmi les gens mariés, et causer des divorces, nouer l'aiguillette, ôter le lait aux nourrices, et semblables infamies. Mais ces misérables avaient pactisés avec le Diable, et s'étaient rendus ses esclaves, ayant juré qu'ils travailleraient sans cesse à la perte de toutes les créatures ; qui avait deux ans [à la durée du Pacte], [d'autres] qui [dureraient] trois, et après ce temps, ils essuieraient le même sort du Bohème.

A Lintz, je pratiquai [avec] une jeune femme, laquelle, une fois m'invita à aller avec elle m'assurant que sans aucun risque, elle me conduirait en un lieu où je désirais fort me trouver. Je me laissai persuader par ses promesses. Alors elle me donna un onguent avec lequel je frottai les gros pouces des pieds et des mains ; ce qu'elle fit aussi ; et d'abord, il me parut que je volais en l'air, dans l'endroit que je souhaitais, et que je ne lui avais point déclaré.

Je passe sous silence, par respect, ce que je vis, qui était admirable et me paraissait d'y avoir resté un long temps. Je me sentis comme éveillé d'un profond sommeil, et j'avais grand mal de tête, et une très grande mélancolie. Je me tournai et je vis qu'elle était assise à mon côté. Elle commença à me raconter ce qu'elle avait vu ; mais ce que j'avais vu était tout à fait différent. Je fus pourtant étonné car il me paraissait que, vraiment, j'avais été corporellement[4] en cet endroit-là, [et] d'avoir vu réellement ce qui y était arrivé. Je la priai pourtant un jour, d'aller seule en cet endroit même, et de m'apporter des nouvelles d'un

---

4   Probablement une projection consciente dans l'astral.

ami que je savais, de science certaine, qu'il était éloigné de 200 lieues. Elle me promit de le faire dans l'espace d'une heure. Elle se frotta avec le même onguent, et j'étais fort attentif pour la voir voler ; mais elle tomba par terre et y resta trois heures environ, comme si elle eut été morte, de sorte que je croyais qu'elle fut réellement morte. Finalement elle commença à se mouvoir comme fait un homme qui s'éveille ; elle se leva debout et, avec beaucoup de joie, elle commença à me faire le récit de son expédition, disant qu'elle avait été dans l'endroit où mon ami était, et tout ce qu'il faisait ; ce qui était tout à fait contraire à sa profession. De quoi je conclus que ce qu'elle venait de me dire était un pur songe, et que cet onguent était un somnifère fantastique. Selon qu'elle me l'a confessé, cet onguent lui avait été donné par le Diable.

Tous les Arts des Grecs sont des Enchantements et des Fascinations, et le Démon les tient enchaînés dans ces Arts Maudits afin que le fondement de la Vraie Magie leur soit inconnu, [ce] qui les rendrait plus puissants que lui ; et je me [le] confirme dans une telle opinion, parce que ces Opérations ne sont d'aucune utilité, et causent du dommage à celui qui les mets en pratique, comme effectivement plusieurs d'entre eux me l'avouèrent, lorsque j'eus la Vraie et Sacrée Magie. Il y a aussi plusieurs Opérations qu'on dit venir des anciennes Sibylles. Il y a un Art appelé

Blanc et Noir ; un autre Angélique, TEATIM ; dans lesquels j'avoue que j'ai vu des Oraisons si doctes et si belles que si je n'avais su le venin qui y était caché, j'y aurais donné dedans. Je dis cela parce qu'il est très facile à celui qui ne se tient pas sur ses gardes d'y échapper.

Un vieux griffas[5] me donna plusieurs enchantements qui ne tendaient qu'à faire du mal. Il faisait des autres Opérations par moyen des Nombres, qui étaient tous impairs, et d'une proportion triple, n'étant aucunement semblable à l'autre, et pour preuve de cela, il fit par un tel moyen, tomber d'un bel arbre en ma présence, qui était près de ma maison ; tous les fruits et les feuilles furent consumés en très peu de temps.

Et il me disait que dans les Nombres y était caché un très Grand Mystère, parce que, par le moyen des Nombres, on pouvait faire toutes les Opérations pour les amitiés, les richesses et les honneurs, et toutes sortes de choses, bonnes et mauvaises ; et il assurait l'avoir éprouvé, mais qu'encore [que d'autres] qu'il sut être très véritables ne lui avait pas réussi. Dans une telle particularité, je sus la cause de cela par le savant ABRAMELIN, qui me dit que cette manière vient et dépend du Divin Ministère, c'est-à-dire de la Cabale, et que sans icelle, on ne peut pas réussir.

---

5   Qui griffonne, retranscrit hâtivement, scribe.

J'ai vu toutes ces choses et bien d'autres, et ceux qui les possédaient me les donnèrent par amitié, [et] que je brûlai ensuite en la maison d'ABRAMELIN, étant absolument des choses très éloignées de la Volonté de Dieu et contre la charité que nous devons au prochain. Tout homme docte et prudent peut tomber, s'il n'est défendu et guidé par l'Ange du Seigneur, qui m'aida et m'empêcha de tomber dans une telle misère et me conduisit, contre mon mérite, de la boue des ténèbres à la lumière de la vérité. J'ai connu et senti les effets de la bonté du sage ABRAMELIN qui, de lui-même, avant que je l'en priasse, m'accepta pour son disciple et, avant que je lui eusse déclaré ma volonté, accomplissait et rassasiait mes désirs ; et tout ce que je voulais de lui auparavant que j'eusse ouvert la bouche, il savait ce que je souhaitais. Il me raconta tout ce que j'avais vu, fait, et souffert, depuis la mort de mon père jusqu'à ce moment, et cela avec des paroles obscures, quasi prophétiques, que je n'entendais pas alors, mais que j'entendis [compris] dans la suite. Il me disait plusieurs choses touchant ma bonne fortune, mais ce qui fut la principale chose, il me découvrit la source de la Véritable Cabale, laquelle, selon la coutume de nos[6], je consignai à ton frère aîné JOSEPH, après qu'il eut fait les circonstances requises, sans l'accomplisse-

---

6   Mot manquant dans le Manuscrit. Possiblement *pères*, ou *prédécesseurs*.

ment desquelles la Cabale et cette Sacrée Magie ne peuvent être exercées, ce que je dirai dans les deux Livres suivants. Ensuite, il me manifesta l'origine du Mystère de cette Sacrée Magie qui fut exercée et mise en pratique par nos premiers pères et géniteurs, NOÉ, ABRAHAM, JACOB, MOÏSE, DAVID, et SALOMON, dont le dernier se servit mal et il en reçut le châtiment en [cette] vie.

Dans le Second Livre, je décrirai fidèlement et clairement le tout, afin que, si le Seigneur Dieu voulait disposer de moi avant que tu fus en âge compétent, tu trouveras ces trois petits livrets comme un trésor inestimable et maître fidèle ; parce qu'il y a plusieurs secrets dans les Signes du 3ᵉᵐᵉ Livre que j'ai vu expérimenter de mes propres yeux par ABRAMELIM [*sic*], et être très véritables, et qu'ensuite j'ai fait moi-même. Et après lui, je ne trouvai aucun qui fit des choses véritables et quoique JOSEPH à Paris marcha par la même Voie, néanmoins Dieu, comme juste juge, ne voulut point lui accorder en entier la Sacrée Magie à cause qu'il avait méprisé la Loi Chrétienne. Parce que c'est une chose indubitable et évidente que celui qui est né Chrétien, Juif, Payen, Turc, Infidèle, de quelle religion que ce soit, peut arriver à la perfection de cette Œuvre ou Art et devenir Maître ; mais celui qui a abandonné sa Loi naturelle et embrassé une autre religion opposée à la sienne, ne pourra jamais arriver au sommet de cette Sacrée Science.

CHAPITRE SEPTIÈME

DIEU, Père de Miséricorde, m'ayant fait la Grâce de retourner sain et sauf en ma patrie, je lui payai, selon mon petit pouvoir, quelques petites parcelles de ce que je lui devais, le remerciant de tant de bienfaits que j'avais reçus de lui et en particulier de l'acquisition que j'avais faite de la Cabale chez ABRAMELIN. Il ne me restait qu'à mettre en pratique cette *cette* [*sic*] Sacrée Magie, mais plusieurs causes d'importance et empêchements, parmi lesquels mon mariage en était un des plus grands, je jugeai à propos de différer à la mettre en pratique, et un des plus grands obstacles était l'incommodité du lieu. Je résolus de m'absenter à l'impourvu [improviste] et m'en aller à la forêt Ercinie[7], et y rester pendant le temps que cette Opération demande, menant une vie solitaire. Il ne me fut pas possible de le faire plus tôt par plusieurs raisons et dangers dont on courait risques dans cet endroit-là ; outre qu'il me fallait laisser ma femme qui était jeune et enceinte.

Finalement, je me résolus d'embrasser le parti d'ABRAMELIN et je divisai ma maison en deux parties ; je pris une autre maison à rente que je

---

7   Hercynie ; forêt hercynienne.

meublai en partie, et je donnai à un de mes oncles le soin de pourvoir au nécessaire de la vie et aux besoins d'icelle. Et moi avec ma femme et un serviteur, je restai dans ma propre maison et je commençai à m'accoutumer à la vie solitaire, ce qui me fut très difficile à supporter à cause de l'humeur mélancolique qui me dominait, et je vécus ainsi jusqu'au temps de la Pâques, que je célébrai avec toute la famille, selon la coutume. Puis d'abord, le jour suivant, au Nom et à l'honneur de Dieu Tout-Puissant, Créateur du Ciel et de la Terre, je commençai cette Sacrée Opération, et je la continuai [pendant] Six Lunes, sans omettre la moindre chose, comme vous entendrez dans la suite. Et le temps des Six Lunes expiré, le Seigneur me fit la Grâce par sa Miséricorde, selon la promesse faite à nos premiers pères, puisque pendant que je faisais mon Oraison, il daigna de m'accorder la vision et apparition de ses Saints Anges, avec autant de joie, de consolation et contentement d'âme, que je ne saurais exprimer ni le mettre par écrit. Et jouissant pendant trois jours de cette douce et aimable présence, avec un contentement indicible, [le Saint Ange] me parla avec tant de bonté et d'affection, mon Saint Ange, que Dieu très Miséricordieux avait destiné dès ma création pour mon gardien, lequel non seulement me manifesta la Véritable Magie, mais encore, me facilita le moyen de l'obtenir. Il me confirma être véritables les Signes [cabalistiques] que j'avais reçus d'ABRAMELIN de la Cabale, et il me donna le moyen fondamental par lequel je pouvais en avoir une infinité d'autres, dans mes Opérations, selon mon plaisir, m'assurant qu'il m'instruirait pleinement sur cela. (Ces Signes sont quasi tous ceux du 3eme Livre.) Me donnant au surplus des avis et admonitions très utiles, tels qu'un Ange aurait pu donner ; comment je devais me gouverner les jours suivants avec les Esprits Malins pour les contraindre à m'obéir ; ce que je fis suivant toujours de point en point les instructions très fidèles, et par la Grâce de Dieu, je les contraignis à m'obéir et à apparaître dans le lieu destiné pour cette Opération ; et ils s'obligèrent à m'obéir et à m'être soumis. Et depuis lors, jusqu'à présent, sans offenser Dieu et les Saints Anges, je les ai tenus en ma puissance et commandement, toujours assisté de la puissance de Dieu et de ses Saints Anges, avec une prospérité si grande de notre maison, que je confesse m'être désisté des richesses immenses que je pouvais accumuler ; quoique je possède assez pour être mis au nombre des riches, comme tu connaîtras à son temps lorsque tu seras avancé en âge.

[Puisse] La Grâce du Seigneur et la défense et la protection de ses Saints Anges ne s'éloignent donc pas de moi, ABRAHAM, et de mes deux fils, JOSEPH et LAMECH, et de tous ceux qui par votre moyen et par la Volonté de Dieu recevront cette Opération. Ainsi soit-il.

CHAPITRE HUITIÈME

OUR montrer que l'homme doit se servir des biens du Seigneur en les appliquant au Bien, c'est-à-dire à son Honneur et Gloire, pour l'utilité propre et celle de son prochain, je décrierai dans le présent Chapitre, en peu de mots, plusieurs Opérations, et les plus considérables que j'ai faites, lesquelles, avec l'aide du Seigneur Tout-Puissant et de ses Saints Anges, par le moyen de cet Art, j'ai facilement conduit à la fin désirée. Et je ne fais point cette description pour me vanter ou par vaine gloire, ce qui serait un grand péché contre Dieu, parce que c'est lui-même qui a tout fait, et non moi ; mais je le fais seulement afin qu'elle serve d'instruction aux autres pour qu'ils sachent en quoi ils doivent se prévaloir de cet Art, comme aussi afin qu'ils s'en servent à l'honneur de Celui qui a donné cette Sapience aux hommes en le glorifiant ; et afin que chacun puisse connaître combien sont grands et inépuisables les trésors du Seigneur, et qu'il lui rende des grâces particulières d'un don si précieux ; et principalement d'avoir accordé à moi, qui suis un petit ver de terre, par le moyen d'ABRAMELIN, de pouvoir donner et communiquer à d'autres cette Sacrée Science. On trouvera après ma mort un Livre que j'ai commencé à écrire dans le temps

que [où] j'ai commencé à mettre en pratique cet Art qui, selon le nombre des années, fut en 1409, jusqu'à aujourd'hui auquel je suis arrivé à la 96me année de mon âge, avec tous honneurs et augmentations de fortune. Et dans ce Livre, on lira en détail la moindre chose que j'ai faite. Ici, comme je l'ai dit ci-dessus, je décrirai [seulement] les plus remarquables. J'ai jusqu'à présent guéri des personnes de toutes qualités, ensorcelées à la mort, 8413 [personnes] de toutes sortes de religions, sans en excepter aucune.

Je donnai à mon Empereur Sigismond[8], Prince très clément, un Esprit familier de la Seconde Hiérarchie, selon qu'il me le [de]manda et il s'en servit avec prudence. Il voulait avoir toute l'Opération, mais moi, ayant été averti de la part du Seigneur que ce n'était point sa Volonté, il s'accommoda au possible, non comme Empereur, mais comme un particulier; et même par le moyen de mon Art, je lui facilitai le mariage avec sa femme; et je lui fis affranchir de grandes difficultés qui s'opposaient à ce mariage.

Je délivrai le Comte Frédéric[9] par le moyen

---

8   Sigismond (Siegmund en allemand) Empereur germanique. Né le 14 février 1368 à Nuremberg et mort le 9 décembre 1437 à Znojmo en Tchécoslovaquie.

9   Frédéric Ier de Saxe, dit *Le Belliqueux*. Né le 11 avril 1370 à Altenbourg et mort le 4 janvier 1428. Électeur de Saxe et Comte palatin de Saxe.

de 2000 chevaux artificiels que je fis paraître par mon Art selon la teneur du Chapitre 29 du 3ᵉᵐᵉ Livre[10], des mains du Duc LÉOPOLD de Saxonie; lequel Comte, sans moi, aurait perdu la vie et l'état [sa succession] à ses héritiers.

A l'Évêque de notre ville, je déclarai un an auparavant la trahison de son gouverneur, à Orembergh; et je n'en dis pas davantage à cause qu'il est un ecclésiastique, passant sous silence ce que j'ai fait de plus pour lui rendre service.

Le Comte de VARVICK[11] fut délivré par moi des prisons en Angleterre, la nuit précédente qu'on devait lui trancher la tête.

J'ai aidé à la fuite du Duc[12] et son Pape JEAN[13] du Concile de Constance, qui seraient tombés entre les mains de l'Empereur en colère; et des deux Papes JEAN 23ᵉᵐᵉ et MARTIN 5ᵉᵐᵉ m'ayant prié de lui prédire ce qui devait lui arriver à l'avenir, ma réponse se trouva véritable, lui étant arrivé ce que je lui avais prédit.

---

10   XXIX. Pour faire paraître des gens armés.

11   Possiblement Richard de Beauchamp, Comte de Warwick. Né le 28 janvier 1382 à Salwarpe, en Grande-Bretagne et mort à Rouen le 30 avril 1439. Il est connu pour avoir présidé au procès de Jeanne d'Arc.

12   Possiblement Albert V d'Autriche de Habsbourg.

13   Pape Jean XXIII (Baldassarre Cossa) Né en 1360 à Naples et mort le 22 décembre 1419 à Florence. Élu pape par le concile de Pise en 1410 jusqu'en 1415. Il est considéré comme un antipape par l'Église catholique romaine.

A Ratisbonne, dans le temps que j'étais logé chez le Duc de Bavière[14], mon Seigneur, pour des affaires de la dernière conséquence, on m'ouvrit la porte de ma chambre et on me vola la valeur de 83 mille Hongres, en joyaux et argent comptant. D'abord que je fus de retour chez moi, le voleur fut contraint, quoique évêque, à me rapporter lui-même et me donner de sa propre main l'argent, joyaux et livres de compte et [les] raisons, lesquelles l'avaient particulièrement déterminé plus que tout le reste, à commettre le vol.

J'ai écrit à l'Empereur grec[15], il y a six mois et je l'avertis que les affaires de son Empire vont très mal, et que l'Empire est à deux doigts de sa perte, s'il n'apaise pas la colère de Dieu. Comme il me reste peu de temps à vivre, ceux qui resteront après moi auront des nouvelles de cette prophétie.

L'Opération du Chapitre 13 du Second Livre[16], je l'ai faite deux fois ; une fois en la maison de Savonie, et une autre fois dans le Marquisat de Magdeburgh, et je fus la cause que leurs états se perpétuent à leurs enfants.

---

14   Peut-être Ernest de Bavière-Munich (1373 – 1438).

15   Constantin XI Paléologue, né à Constantinople le 8 février 1404 et mort le 29 mai 1453. Il fut le dernier empereur byzantin et dernier empereur romain.

16   XIII. De la Convocation des Bons Esprits.

Or, ayant obtenu la faculté de pouvoir se servir de la Sacrée Magie, on peut demander à l'Ange une somme d'argent comptant proportionnée à sa naissance, qualité, capacité, laquelle sans peine te sera accordée ; lequel argent est pris dans les Trésors Cachés. Il faut pourtant observer que de tous les trésors, on en peut prendre la 5eme partie [17], Dieu le permettant, quoique quelques hâbleurs disent qu'il y en a une infinité qui sont destinés et réservés pour l'Antéchrist. Je ne nie point que cela ne soit vrai, mais de ces mêmes Trésors on en peut prendre aussi la 5eme partie. Il y en a aussi qui sont destinés à d'autres. Mon Trésor me fut assigné à Herbipole [18], et je fis l'Opération du 8e Chapitre du 3e Livre [19] ; il n'était point gardé et fort ancien. C'était de l'or, qui n'était point frappé en lingots, que je fis ensuite battre et convertir en autant pesant de florins d'or par les Esprits ; ce qui fut fait en peu d'heures.

Mes facultés [20] étaient peu de choses et pauvres, de sorte que pour faire un mariage avec une

---

17   Qu'en obtenir seulemement que le cinquième.

18   *Herbipolis* en latin, nom désignant anciennement la ville de Wurtzbourg en Bavière.

19   Il y a ici erreur de Chapitre puisque le 8e sert à lever des tempêtes. Il est plus probable qu'il soit question du Chapitre 16 (trésors) ou sinon du 28 (richesses).

20   Abraham emploie ce terme pour désigner ses avoirs et sa situation financière. Il le répétera ailleurs dans le Ms.

dot convenable, je fus obligé de me servir de mon Art, et je me servis du Signe 4eme du 3eme Livre, et du Signe 3eme du Chapitre 19[21] ; et j'épousai ma parente avec 40 mille florins d'or. (de doit) laquelle dote servit de couverture à ma fortune.

Tous les Signes qui sont dans le Chapitre 18[22] ont été faits par moi tant de fois que je ne saurais le compter. Ils sont pourtant dans le Livre cité ci-dessus.

Je fis de grandes expériences avec les Signes du Chapitre 2 et 8 du 3eme Livre[23]. Le premier Signe du 3eme Livre[24], chapitre premier, est le plus parfait.

Il faut être prompt [et] adroit dans ces Opérations, parce que dans les choses qui appartiennent à Dieu, on peut commettre des erreurs encore plus grandes que celles que commit SALOMON.

J'ai opéré tous les Signes avec grande facilité et fidélité, et avec une très grande utilité. Toutes les Opérations et autres infinies, je les ai faites avec les Signes qui sont dans le 3eme Livre, et je n'ai jamais manqué. J'ai toujours été obéi [par les

---

21   XIX. Pour être aimé d'une parente.

22   XVIII. Pour guérir diverses maladies.

23   II. Pour avoir [des] informations et être éclairci dans toutes sortes de propositions et toutes sciences douteuses.

   VIII. Pour exciter les tempêtes.

24   I. Pour découvrir toutes sortes de choses.

Esprits] et tout m'a réussi parce qu'autant qu'il m'a été possible, j'ai obéi aux Commandements de Dieu.

Et j'ai suivi de point en point ce que mon Ange m'avait conseillé et prescrit; suivant aussi exactement ce qu'ABRAMELIN m'avait enseigné, qui est la même chose que j'écrirai dans les deux Livres suivants, et que j'amplifierai et expliquerai plus clairement, puisque les instructions que j'ai reçues, quoique par des paroles très obscures et Hiéroglyphiques, m'ont fait arriver au but; et ne m'ont jamais laissé errer, et donner dans des idolâtries payennes étranges et superstitieuses, m'étant toujours tenu dans la Voie du Seigneur, qui est la Véritable, l'Unique, l'Infaillible but pour arriver à la possession de cette Sacrée Magie.

CHAPITRE NEUVIÈME

C ET infâme BELIAL n'a d'autre désir que celui de pouvoir cacher et obscurcir la Véritable Sapience Divine, afin qu'il ait plus de moyens pour aveugler et mener par le nez les hommes simples; afin qu'ils restent toujours dans leur simplicité et dans leur erreur, et afin qu'ils ne trouvent la Voie qui les conduit à la Vraie Sapience; par ce

qu'il est sûr qu'au contraire, lui et son Royaume demeureraient liés, et perdrait sa liberté, et qu'il perdrait le titre qu'il se donne de « Prince du Monde », devenant esclave de l'homme. C'est pourquoi il tâche d'annuler et prendre entièrement cette Sacrée Sapience.

Je prie pourtant un chacun de se tenir sur ses gardes, et de ne point mépriser la Voie et la Sapience du Seigneur, ni se laisser séduire par les Démons et ses adhérents ; car il est menteur, et le sera éternellement. Et vive la Vérité car en suivant et obéissant avec fidélité à ce que j'écris dans ces trois Livres, non seulement on arrivera à la fin désirée, mais on connaîtra sensiblement et on sentira la Grâce du Seigneur, et l'assistance actuelle des Saints Anges qui ont un plaisir incroyable, voyant qu'ils sont obéis, et que vous suivez les Commandements de Dieu, et que leurs instructions sont observées. Telles sont les particularités que je décris.

Cette Sapience prend son fondement du Très-Haut et de la Sacrée Cabale, qui n'est accordée à aucun autre qu'aux premiers-nés ; ainsi l'ordonna Dieu, et ainsi [cela] fut observé par nos prédécesseurs. De là naquit la différence et [le] troc ou [é]change entre Jacob et Esaü ; de la primogéniture étant la Cabale [qui est] de beaucoup plus noble et plus grande que la Sacrée Magie. Et par la Cabale, on peut parvenir à la Sacrée Magie, et [mais] par celle-ci on ne peut avoir la

Cabale. A l'enfant d'une servante ou d'un adultère, la Cabale n'est point accordée, mais seulement à l'enfant légitime comme il arriva entre Isaac et Ismaël.

Mais la Sacrée Sapience, par la Miséricorde de Dieu, tous peuvent l'acquérir pourvu que l'on marche dans la droite Voie, et un chacun se doit contenter de ce Don et Grâce du Seigneur. Et il ne faut pas être avec curiosité, et scrupules extravagants et ridicules, de vouloir savoir et entendre plus qu'il ne convient, parce que la témérité est certainement punie de Dieu, permettant que celui qui est présomptueux, non seulement est détourné de la Véritable Voie par les Causes Secondes, mais encore, que le Démon ait pouvoir sur lui, qu'il le ruine et [l']extermine, de sorte qu'on peut dire que lui-même a été l'unique cause de sa ruine et de sa misère. Il est certain que l'Ancien Serpent tâchera de contaminer avec son venin le présent Livre, et même de le détruire et [le] perdre entièrement, mais Lamech, comme père fidèle je te prie, par le Vrai Dieu qui t'a créé et [ainsi que] toutes choses, et tout autre qui par ton moyen recevra cette Opération, ne te laisse point induire ou persuadé à avoir un autre sentiment et opinion à croire le contraire. Prie Dieu et demandes-lui son assistance, et mets toute ta confiance en Lui seul. Quoique par ces Livres tu n'aies point l'intelligence de la Cabale, néanmoins les Sts Anges Gardiens, à la fin des Six Lunes ou

Mois[25], te manifesteront ce qui te suffira pour posséder cette Sacrée Magie.

Quasi tous les Signes écrits dans le 3ᵉᵐᵉ Livre sont écrits avec des Lettres de la 4ᵉᵐᵉ Hiérarchie[26]; mais les Paroles Mystérieuses dans lesquelles consistent le Secret, naissent et sont tirées de la Langue hébraïque, Latine, Grecque, Chaldéenne, Persanne, et Arabe, par un singulier Mystère et [selon la] Volonté de [du] plus Sage Architecte et Fabricateur de l'Univers; qui lui seul domine et gouverne, par sa Toute-Puissance, toutes les Monarchies et Royaumes du Monde et les soumet à son Infinie Puissance, et à cette Sacrée Magie et Divine Sapience.

CHAPITRE DIXIÈME

TTENDU que, dans cette Opération, nous avons affaire à un grand et puissant Ennemi, auquel par notre faiblesse, force ou science humaine, nous ne pouvons résister sans un particulier secours et as-

---

25   En référence à la période préparatoire requise pour l'opérateur, laquelle sera discutée plus tard dans le texte.

26   Voir la fin du Troisième Livre à propos des Hiérarchies.

sistance des Sts Anges et du Seigneur et des Bons Esprits; il faut qu'un chacun ait toujours devant les yeux Dieu et ne le point offenser. Au contraire, il faut se donner de garde et s'en abstenir comme du péché mortel d'aduler, d'obéir, de regarder, ou porter respect au Démon et à sa Race Vipérine; et de se soumettre à lui en la moindre chose, car cela serait la ruine et la perte totale de l'âme; comme il arriva à toutes les semences descendant de Noé, de Lot, Ismaël et autres qui possédèrent la Terre Bénite avant nos premiers pères qui héritaient de cette Sapience de père en fils, de famille en famille. Mais dans la suite des temps, ayant prêté l'oreille au fourbe Ennemi, ils se laissèrent détourner de la Véritable Voie, et perdirent la Véritable Science qu'ils avaient reçus de Dieu par le moyen de leurs pères, et s'adonnèrent à des Sciences Superstitieuses, et à des Enchantements diaboliques, et à des Idolâtries Abominables, ce qui fut cause que dans la suite, Dieu les châtia, les défit et les chassa de leur patrie et introduisit à leur place nos prédécesseurs; d'où ensuite est provenue la cause de notre présente misère et esclavitude, laquelle durera jusqu'à la fin du monde, puisqu'il ne voulurent point connaître le Don que Dieu leur avait fait, mais ils l'abandonnèrent, embrassant et suivant les tromperies du Démon.

C'est pourquoi qu'un chacun prenne garde à se soumettre à lui: ni par œuvres, ni par paroles, ni par pensées ; parce qu'il est si adroit et prompt, qu'il peut prendre à l'improviste, comme un oiseau [attrape] l'araignée. Que le misérable Bohème et les autres, que j'ai cités ci-dessus, vous servent d'exemple (comme il est arrivé à moi-même).

Dans le commencement de l'Opération, il m'apparut un homme majestueux, qui, avec une affabilité très grande, promit monts et merveilles. Regarde tout cela comme une pure vanité, car sans la permission de Dieu, il ne peut donner aucune chose, mais il le fera au dommage et préjudice, ruine et damnation éternelle de celui qui lui ajoutera foi et le croira, comme on le peut voir dans la Sacrée Écriture au sujet de PHARAON et ses adhérents, lesquels méprisèrent la Véritable et certaine Sapience de MOISE et d'AARON, [et] furent au commencement, amorcés par le Diable qui leur montrait, par le moyen d'Enchantements, qu'ils pouvaient faire et mettre en pratique toutes les Opérations des dits saints hommes de manière qu'il les réduisit à une telle obstination et aveuglement que, sans s'apercevoir de leur propre erreur et de la tromperie du Démon, ils furent cruellement châtiés de Dieu par diverses peines, et finalement, ils furent tous noyés dans la Mer Rouge. C'est pourquoi, pour finir, je vous dis en peu de mots qu'il faut s'attacher à Dieu seul et mettre toute sa confiance en Lui.

CHAPITRE ONZIÈME

IEU soit mon témoin comme je n'appris pas cette Science par curiosité, ni pour m'en servir en mal, mais pour m'en prévaloir à l'honneur et gloire de mon[27], pour ma propre utilité et celle de mon prochain. Et je n'ai jamais voulu m'en servir pour des choses vaines et viles, mais j'ai toujours travaillé de toutes mes forces pour aider toutes créatures, amis et ennemis, fidèles et infidèles, tant l'un que l'autre, d'une volonté parfaite et de bon cœur, et je m'en suis servi aussi pour les animaux.

J'ai touché ci-dessus quelques exemples pour le démontrer. Dieu Tout-Puissant n'accorde point [à quiconque] l'Art ou la Science pour qu'il s'en serve pour lui seul, mais afin qu'il pourvoie aux besoins d'autrui et de ceux qui ne possèdent point cette Science Sacrée. C'est pourquoi je prie un chacun à suive mon exemple, et s'il fait autrement, la malédiction du Seigneur tombera sur lui ; et pour moi, je serai excusable et innocent devant Dieu et devant tous les hommes.

On trouvera dans le 3ᵉᵐᵉ Livre un très beau

---

27   Un mot a été omis par le copiste dans le Manuscrit. De toute évidence, le sens de la phrase se veut : *à l'honneur et gloire de mon Dieu.*

jardin[28], qu'aucun certainement n'en a jamais construit un semblable, et qu'aucun Roi ni Empereur n'a jamais eu. Celui qui voudra être une abeille industrieuse pourra sucer le miel qu'il contient en abondance ; mais si malicieusement il voudra se transformer en araignée, et en pourra tirer du poison. Dieu pourtant accorde et donne sa Grâce, non au Mal mais au Bien, et s'il vous parait que quelques Chapitres du 3ème Livre soient plutôt appliqués au Mal et au dommage du prochain qu'à l'utilité, un chacun saura que je les ai mis aussi afin qu'on connaisse que cette Science peut être appliquée au Mal et au Bien, comme je le dirai plus amplement dans les autres Livres.

Il faut donc s'étudier à fuir le Mal et procurer de toutes ses forces le Bien. Celui qui en agira ainsi tout le temps de sa vie avec le secours et l'assistance des fidèles bénins et Saints Anges ; et celui qui s'en servira en Mal, sera abandonné des mêmes Anges et sera au pouvoir du fourbe Ennemi, qui ne manquera pas de lui obéir pour faire le Mal, pour le rendre son esclave. Il faut avoir pour maxime et règle générale, qui ne manque jamais, que toutes les fois que vous verrez un homme d'un désir extraordinaire à se procurer

---

28   Expression utilisée couramment par les Cabalistes pour exprimer une mine d'informations occultes précieuses ou d'une valeur inestimable.

cette Opération, si vous voulez la lui donner, il faut éprouver sa solidité et son intention et différer, suivant les instructions que je donne dans les trois Livres. Et s'il tâchait de l'avoir par des voies indiscrètes, et qu'il vous dit que cette Opération peut être vraie ou non-vraie, feignant des doutes pour vous obliger à la lui donner, ou qu'il fit d'autres stratagèmes, vous pourrez alors conclure que cet homme ne marche pas dans la Voie du Seigneur. Si quelqu'un le voulait d'une manière opposée à celle dont Dieu s'est servi pour l'accorder, ce serait une témérité.

Et si quelqu'autre tâchait de l'avoir non pour lui-même, ou enfant, ou parent, qui ne fut pas tel que doit être celui qui reçoit un si grand trésor, celui qui la donnerait serait coupable d'un grand mal, et il la perdrait lui-même, la Grâce et Sapience du Seigneur, et il en priverait éternellement ses héritiers.

Si un homme de mauvaise vie, qu'on su, par cette Science, qu'il persisterait dans la mauvaise vie, venait à la recherche de cette Sacrée Science, il est probable qu'un tel homme ne veut pas s'en servir pour le bien et dans une intention droite, mais l'ayant reçue, il s'en servirait pour le mal. Et j'ai pourtant vu moi-même et touché avec la main, que Dieu qui pénètre l'intime de nos cœurs, a mis par des voies indirectes, obstacles à la réussite, faisant naître des difficultés de part et d'autre. De sorte que celui qui voudrait d'abord posséder cette Science pour s'en servir contre son prochain et commettre toutes sortes d'abominations, s'est fait connaître en être indigne à celui qui avait résolu [de] la lui donner.

Fuyez le commerce et la conversation de ceux qui, actuellement à la recherche de cette Science, disent qu'ils feront ou diront, et tout ce qu'ils disent aboutit au Mal, parce que de tels hommes deviennent des Enchanteurs du Diable. Vous saurez le surplus ci-après dans les autres Livres. Je m'étends beaucoup sur ce point et j'exagère beaucoup parce qu'il est certain qu'une fois que l'Opération est donnée en due forme, c'est un acte irrévocable.

[*Mais si, au contraire, après un mûr examen et une exacte inquisition, vous trouvez une personne tranquille et sincère, vous devez l'aider parce que Dieu, qui vous a aidé, veut aussi que vous l'aidiez; à cette fin il a mis dans vos mains cette Sacrée Science.*

Vous devez faire tous les efforts pour procurer la paix parmi ceux en discorde, et ennemis jurés; et il est impératif de faire le bien à un chacun, ceci étant le seul et véritable moyen de vous rendre favorable Dieu, les Anges, et hommes; et de rendre le Démon votre esclave, et obéissant en tout et pour tout. Et ainsi on devra passer le reste de sa vie avec une bonne et droite][29]

---

29   Le passage [*entre crochets*] étant inexistant dans le Manuscrit en ma possession, c'est-à-dire la page 93 étant manquante, j'ai complété ce segment d'après la version

conscience, en honneurs, en paix, avec contentement et utilité propre et de toutes les créatures. Je prie ceux qui seront possesseurs d'un si grand Trésor de le manier comme il faut, et de ne point le jeter devant les pourceaux.

Tu t'en serviras pour toi, mon fils LAMECH, mais du fruit que tu en tireras, tu en feras part à ceux qui en ont besoin, et plus tu donneras, d'autant plus tes facultés augmenteront. La même chose arrivera à celui à qui tu la donneras

Nous sommes dans ces régions et pays, esclaves et affligés justement par nos péchés et ceux de nos pères; pourtant, nous devons servir le Seigneur en la meilleure manière qu'il nous sera possible. Et ce Trésor sera tenu secret d'un chacun, et soit donné aux héritiers autant qu'on le pourra, se donnant garde de les en déshériter pour le donner à d'autres et le faire tomber entre les mains des infidèles ou en rendre possesseur les impies.

---

de Mathers, laquelle malgré qu'elle soit en anglais, est extrêmement fidèle au texte puisqu'elle provient elle-même d'une transcription du Ms. 2351.

CHAPITRE DOUZIÈME

ON intention n'était point celle de m'étendre si fort dans le Premier Livre ; mais l'amour paternel, que ne fait-il pas, et l'importance de l'affaire le permet.

Qu'un chacun qui fera cette glorieuse entreprise reste tranquille et en sûreté, parce que dans les Trois Livres est compris tout ce qui peut être nécessaire pour cette Opération. Car je l'ai écrit avec beaucoup de soin, d'attention et d'exactitude, de sorte qu'il n'y a pas aucune phrase qui ne te donne quelques avis ou instructions. Je prie pourtant un chacun pour l'amour de Dieu, qui règne et régnera éternellement, de ne commencer aucune Opération si auparavant, pendant Six Mois, [il] n'a lu et relu avec soin et attention ce Livre, considérant toutes choses par détail ; car je suis plus que sûr qu'il ne rencontrera aucun doute qu'il ne puisse résoudre lui-même, mais de plus, de jour en jour, s'allumera en lui un grand et ardent désir, plaisir, et volonté d'entreprendre cette Opération si glorieuse ; laquelle peut être effectuée d'un chacun, de quelque religion qu'il soit, si pourtant dans les Six Lunes n'ont [il n'a] commis aucun péché contre la Loi et les Commandements de Dieu.

Maintenant, il me reste à te donner des marques, mon fils LAMECH, de la dernière tendresse paternelle, te donnant deux avis principaux par le moyen desquels, observant toutes les autres circonstances que je décrirai, tu ou tel, à qui tu accorderas cette Sacrée Science, puisse indubitablement arriver à la perfection de cette même Science.

Il faut pourtant [*comprendre que plusieurs ont entrepris cette Opération; et certains ont obtenus leurs désirs, mais il y en a d'autres qui n'ont pas réussis, et la raison de ceci est parce que leur Bon Ange ne leur est pas apparu au jour de la Conjuration. Leur Ange étant par sa nature Amphiteron[30], parce que la nature Angélique est si différente de celle des hommes, qu'aucun entendement, ni science ne saurait l'exprimer, ni le décrire, par rapport à cette grande pureté avec laquelle ils sont investis. Je ne désire point que toi, LAMECH, mon fils, et tes successeurs, et amis, soient privés d'un si grand trésor.*][31] Je ne veux point t'abandonner dans un point si essentiel.

L'autre point est le Psaume que je te dirai aussi; quoique tu donnes l'Opération à une autre personne, quoique [même] ami, tu ne lui communiqueras pas, parce que ce Psaume est le pré-

---

30   *Amphitryon* (Αμφιτρύων). De l'ancien grec signifiant possiblement *épuisé* ou *ourlé de tous côtés*.

31   Pareillement à la note précédente. Ici la page 97 est manquante.

servatif[32] contre tous ceux à qui tu aurais donné la Sacrée Magie. Si ils voulaient s'en servir contre toi, et tu pourras fort bien t'en servir contre eux ; cela fut accordé à DAVID par le Seigneur pour son préservatif.

Pour le premier point, le jour étant venu qu'on doit faire les Oraisons, les Prières et Convocation de ton Ange Gardien, tu auras un petit Enfant[33] de l'âge de 6, 7, ou 8 ans tout au plus, qui sera habillé de blanc, que tu laveras depuis la tête jusqu'aux pieds, et tu mettras sur son front un voile de soie blanche très fine et transparente, qui lui couvre le front jusqu'aux yeux ; et sur le voile il faut écrire auparavant, en lettres d'or avec un pinceau, un Signe fait et marqué en la manière et ordre comme il sera marqué au 3ᵉᵐᵉ Livre[34] ; lequel sert pour concilier et donner grâce à la créature mortelle et humaine, pour voir la face de l'Ange.

Celui qui opérera fera la même chose, mais sur un voile de soie noire, et le mettra en la même

---

32   Comme sauvegarde afin de se préserver du danger de voir cette Magie se retourner contre celui qui en fait le don à autrui.

33   Traditionnellement, la pureté des enfants était employée aux fins de médiumnité et de clairvoyance par les occultistes ; ils étaient reconnus pour et établir plus facilement le contact avec les autres plans.

34   Le dernier Signe à la toute fin de l'ouvrage.

manière que l'Enfant. Ensuite, tu feras entrer l'Enfant dans l'Oratoire, il lui fera mettre le Feu et le Parfum dans l'Encensoir, puis il se mettra à genoux devant l'Autel. Et celui qui opérera sera à la porte, prosterné à terre, faisant son Oraison, suppliant son Saint Ange qu'il daigne apparaître et se montrer à cette créature innocente[35], lui donnant autre Signe, s'il était nécessaire pour le voir lui-même les deux jours suivants.

Celui qui opérera, faut qu'il prenne garde de ne point regarder l'Autel, mais ayant la face à terre, continue ses Oraisons. Et d'abord que l'Enfant aura vu l'Ange, tu lui commanderas de te le dire, et de voir sur l'Autel et prendre la Plaque d'argent[36] que tu y auras mise à cet effet, afin de te l'apporter si (sera) nécessaire ; [et] quelqu'autre chose [que] le St Ange l'y aura écrite avec ce que tu dois faire [pendant] les deux jours suivants. Ce qu'étant fait, il disparaîtra. D'abord ce qu'ayant observé, l'Enfant te le dira (il faut pour cela l'instruire auparavant), et lui commanderas de t'apporter la petite Planche [d'argent] par laquelle, l'ayant reçue, tu sauras ce que l'Ange t'auras ordonné et le feras remettre sur l'Autel. Et tu sortiras de l'Oratoire, le fermera, et tu n'y entreras point pendant le premier jour et tu pourras

---

35   L'Enfant.
36   Possiblement un lamen.

congédier l'Enfant. Et celui qui opérera se préparera le reste du jour pour le lendemain suivant, [pour y] jouir de la présence admirable du St Ange Gardien, pour obtenir la fin tant désirée, qui ne te manquera pas en suivant la Voie qu'il te montrera. Et les deux Signes sont la Clé de toute l'Opération, à la Gloire du Très Saint Nom de Dieu et de ses Saints Anges.

FIN
Du Premier Livre.

LIVRE SECOND

de la Sacrée Magie
que Dieu donna à
Moyse, Aaron, David
Salomon, & à d'autres
s.ts Patriarches &
Prophetes, qui enseigne
la Vraye Sapience
Divine, laissée par
Abraham à Lamech
Son fils traduite de
l'hebreu. 1458

LIVRE SECOND

de la Sacrée Magie que Dieu donna à Moïse, Aaron, David, Salomon, & à d'autres Sts Patriarches & Prophètes, qui enseigne la Vraie Sapience Divine, laissée par Abraham à Lamech son Fils, traduite de l'hébreu.

1458.

LIVRE SECOND
DE LA SACRÉE MAGIE

A Sapience du Seigneur est une fontaine inépuisable, ni jamais naîtra aucun homme qui puisse pénétrer la véritable origine et son fondement. Les Sages et S^t pères en ont bu à longs traits et en ont été pleinement rassasiés. Avec tout cela, aucun d'eux n'a pu comprendre ni savoir les principes radicaux, parce que le Créateur de toutes choses se réserva cela et, comme Dieu jaloux, il a bien voulu que nous jouissions du fruit, mais il n'a pas voulu permettre de toucher à l'Arbre ni à sa Racine. Il est donc non seulement convenable, mais encore, nous sommes obligés de nous conformer à la Volonté du Seigneur, marchant par cette Voie par laquelle marchèrent nos prédécesseurs, sans chercher par une curiosité vaine comment Dieu règne et gouverne dans sa Divine Sapience ; parce que ce serait une très grande témérité et un orgueil bestial. Nous nous contenteront donc de savoir seulement combien de bienfaits il nous a accordés, à nous pécheurs, et quel pouvoir il a donné, à nous mortels, sur toutes choses, et de quelle manière il nous est permis d'en user. Contentons-nous de cela, laissant à part toute autre curiosité, observant sans gloser aucunement ce qui sera marqué dans ce Livre avec fidélité. Et si vous suivez mon avis, vous serez infailliblement consolé.

CHAPITRE PREMIER

COMBIEN ET QUELS SONT LES VÉRITABLES MAGIES

QUI voudrait raconter tous les Arts et Opérations qui, de nos temps, sont réputés et prêchés pour Sapience et Secrets Magiques, il entreprendrait à compter les ondes et les sables de la mer. Puisque la chose est poussée à un tel point que chaque saut d'un bouffon est due être Magie, toutes les abominations des impies Enchanteurs, toutes les Illusions Diaboliques, toutes les Idolâtries payennes, toutes les Superstitions, les Fascinations, les Pactes diaboliques, et finalement tout ce que le grossier aveuglement du monde peut manier avec mains et les pieds est appelée Sapience et Magie[37].

Le Médecin, l'Astrologue, l'Enchanteur, la Sorcière, l'Idolâtre et le Sacrilège, est appelé par le bas peuple un Magicien; qui tire sa Magie du

---

37   On comprendra ici le côté dérisoire et sarcastique qu'emprunte l'auteur face aux fausses sciences divines.

Soleil, qui [d'autres] de la Lune, d'autres [des] Esprits Malins, d'autres des Pierres, des Herbes, des Animaux brutes ; finalement de tant de milliers de choses que le Ciel même en est étonné. Certains tirent leur Magie de l'Air, de la Terre, du Feu, de l'Eau, de la Physionomie, des Mains, des Miroirs, des Verres, des Oiseaux, du Pain, du Vin, et bien plus, des excréments même ; et tout cela pourtant est réputé Science.

Vous qui lisez, je vous exhorte à avoir la crainte de Dieu, et d'étudier la Justice, parce que infailliblement vous sera ouverte la Porte de la Véritable Sapience que Dieu donna à Noé, et à ses enfants : Japhet, Araham et Ismaël ; et ce fut là la Sapience qui délivra Lot de l'embrasement de Sodome. Moïse apprit la même Sapience, dans le Désert, du Buisson Ardent, et il l'enseigna à son frère Aaron, Joseph, Samuel, David, Salomon, Elie, et les Apôtres, et Saint-Jean particulièrement (duquel il y a un Livre excellent de prophéties[38]), la possédèrent.

Qu'un chacun donc sache que c'est la même Sapience et Magie, celle que j'enseigne, qui est d'elle-même libre et indépendante de quelque ce soit autre Science ou Sapience et Magie. Il est pourtant bien vrai que les Opérations miraculeuses ont assez de rapports avec la Cabale. Il est aussi vrai qu'il y a d'autres Arts qui ont quelques

---

38 *L'Apocalypse de St. Jean* ou encore *Livre de la Révélation*.

marques de Sapience, lesquels seuls ne valent rien s'ils ne sont pas mêlés avec le fondement du Sacré Ministère d'où ensuite naît la Cabale Mixte.

Les Arts sont principalement douze; 4 en nombres 3, 5, 7, 9, parmi les nombres en la Cabale Mixte. Le second est le plus parfait, un, lequel opère par Signes et Visions. Deux de nombres pairs, savoir 6 et 2, qui opèrent avec les Étoiles et le Cours Céleste, qu'on appelle Astronomie. Trois consistent dans les Métaux, et deux dans les Planètes. Tous ces Arts, lesquels sont conjoints et mêlés convenablement avec la Sacrée Cabale.

Qui[conque] s'en sert, tous seuls, ou mêlés avec d'autres choses qui ne sont point de la Cabale, et qui tâche de s'exercer à faire des Opérations avec les Arts, est trompé par le Démon, parce que d'eux-mêmes n'ont autre chose qu'une propriété naturelle; et ils ne peuvent faire autre chose que des effets vraisemblables, et ne peuvent rien absolument dans les choses spirituelles et surnaturelles. Et si pourtant quelques fois font voir quelque chose, cela se fait avec des Pactes et Conjurations impies et diaboliques, laquelle Science doit être appelé Sorcellerie.

Finalement, concluons que du Divin Mystère dérivent ces trois sortes de Cabales : la Cabale Mixte, et la Véritable Sapience, et Magie. Nous déclarerons donc cette dernière et la manière d'en devenir possesseur au Nom de Dieu et de la Cour Céleste.

CHAPITRE DEUXIÈME

CE QU'ON DOIT CONSIDÉRER AVANT L'ENTREPRISE DE CETTE OPÉRATION

OUS avons déjà dit qu'elle est la Science que je dois vous enseigner, c'est-à-dire, qu'elle n'est point humaine ni diabolique, mais la Vraie et Divine Sapience et Magie, qui a été donnée par nos prédécesseurs à leurs successeurs comme un trésor héréditaire. Comme je suis à présent, vous devez donc penser avant que d'entrer dans ce bal et avant de prendre la possession d'un si grand trésor, combien ce Don est haut et précieux, et combien vil et bas êtes vous-même qui le recevez. C'est pourquoi je vous dis que le commencement de la Sapience est la crainte de Dieu et de la Justice. Ce sont les Tables de la Loi, la *la* [*sic*] Cabale et la Magie ; elles doivent vous servir de règle. Il faut que vous commenciez à vous attacher à [dès] le commencement, si vous voulez avoir la véritable Sapience et, ainsi, vous marcherez par la droite Voie, et pourrez effectuer tout ce qui est contenu dans ce Livre, et tout ce qui y est prescrit.

Parce que d'entreprendre cette Opération dans la simple intention de vous en servir à des fins déshonnêtes, et impies, et mauvaises, ce n'est ni juste ni raisonnable ; car il faut faire cette Opération à la louange, honneur et gloire de Dieu ; à l'utilité, salut et bien propre de votre prochain, tant ami qu'ennemi, et généralement de toute la terre. De plus, il faut que vous considériez aussi d'autres choses, quoique moins importantes, mais nécessaires, savoir : si vous non seulement serez capable de commencer l'Opération, mais si vous le ferez aussi à la finir, étant une chose nécessaire à penser avant de le déterminer ; car on ne négocie point ici avec les hommes, mais avec Dieu, par l'intermédiaire de ses Saints Anges, et avec tous les Esprits, Bons et Mauvais. Il ne s'agit pas ici de faire le Saint et l'Hypocrite, mais il faut avoir un cœur vrai et loyal. Vous devez traiter avec un Seigneur qui, non seulement voit la personne, mais encore il pénètre l'intime de son cœur. Mais ayant pris une résolution véritable, ferme, et déterminée, vous remettant à la volonté du Seigneur, vous y parviendrez et vous n'y rencontrerez aucune difficulté. Souvent aussi, l'homme est changeant et, commençant bien une chose, la finit mal n'étant point ferme et stable dans sa résolution. Pensez-y donc bien avant que de commencer et ne commencez pas cette Opération qu'avec un ferme propos de la finir, car on ne se moque pas du Seigneur impunément[39].

---

39   Bien qu'Abraham semble moralisateur, il est vrai, et non seulement pour la Magie, que tout ce qui *doit* être fait, mérite d'*être* bien fait.

Outre cela, il faut penser et considérer si vos facultés et revenus peuvent suppléer à cette affaire ; de plus, si votre qualité ou état étant soumis à d'autres, vous donne lieu, temps, et commodités de la faire ; si la femme ou les enfants peuvent vous en détourner ; étant toutes les choses dignes d'observation pour ne pas commencer en aveugle.

La chose principale que vous devez considérer, est si vous êtes en bonne santé ; parce qu'étant le corps faible et malsain, il est sujet aux diverses infirmités dont naissent ensuite l'impatience et l'impuissance à opérer et poursuivre l'Opération ; et un malade ne peut avoir ni la propreté, ni jouir de la solitude et, dans ce cas-là, il vaut mieux cesser.

Considérez donc la sûreté de votre personne, commençant cette Opération dans un lieu de sûreté d'où [ni] les ennemis ni aucune disgrâce ne puissent vous en chasser avant la fin, parce qu'il faut que vous finissiez où vous commencez.

Mais le premier de Chapitre est le plus important, et mettez-vous bien en tête de l'observer, parce que pour celui qui regarde les autres [Chapitres], on y peut remédier[40]. Et soyez sûr et

---

40   Ce passage indique que *la première partie de ce Chapitre est la plus importante, et que ce qui viendra, seulement par la suite, pourrait alors y être remédié.* L'auteur spécifie de bien s'assurer que le lieu où se déroulera l'Opération soit sans danger ni distraction aucune, car une fois l'Opération entamée, on

certain que Dieu aide tous ceux qui mettent leur confiance en Lui et en sa Sapience, et qui souhaitent de bien vivre, pratiquent avec honneur ce monde trompeur, que vous aurez en abomination, et n'en ferez aucun cas lorsque vous serez arrivés à la perfection et que vous serez possesseur de cette Sacrée Magie.

CHAPITRE TROISIÈME

DE L'ÂGE [ET] QUALITÉ DE LA PERSONNE QUI VEUT ENTREPRENDRE CETTE OPÉRATION

FIN décrire les susdites et autres considérations, avec le meilleur ordre possible, je ferai ici une récapitulation générale ; disant aussi ce qui peut apporter empêchement.

Premièrement, il faut qu'un tel homme se dispose à une vie tranquille, et que ses mœurs soient modérées ; qu'il aime la retraite ; qu'il ne soit point adonné à l'avarice et à l'usure ; qu'il soit né de parents légitimes est une bonne chose, mais

---

ne peut en changer d'endroit... cependant les autres considérations ou désagréments ultérieurs, eux, pourront en être accommodés.

pas si nécessaire comme pour la Cabale, où aucun homme né d'un mariage clandestin ne peut parvenir. L'âge ne doit pas être moindre de 25 ans et plus grand de 50 ans ; il ne doit avoir aucun mal héréditaire comme [le] haut-mal [ou la] lèpre ; s'il est libre ou marié, cela n'importe ; un valet, un laquais, ou autre domestique, peut difficilement arriver à la fin, étant obligé à d'autres et n'ayant point cette commodité qui est nécessaire et que demande cette Opération. Parmi les femmes, il n'y a que les vierges [susceptibles d'y parvenir], mais je conseille ne point leur communiquer une affaire si importante, par les accidents qu'elles pourraient causer par leur curiosité et par leur babil.

CHAPITRE QUATRIÈME

QUE LA PLUPART DES LIVRES MAGIQUES SONT FAUX ET VAINS

TOUS les livres qui traitent de Caractères, de Figures extravagantes, de Cercles, de Convocations, Conjurations, Invocations et autres choses semblables, quoique l'on voit quelques [effets de ces] Opérations, il faut les rejeter, étant des Livres pleins d'inventions diaboliques ; et vous devez savoir que le Démon se sert d'une infinité de voies pour attraper et tromper les hommes. Moi-même je les ai éprouvés en ce que lorsque j'ai opéré avec la Véritable Sapience, tous les autres enchantements que j'avais appris cessèrent, et je ne puis plus opérer, et j'en fis un épreuve exacte de ceux que j'avais appris avec le Rabbin Moïse; la cause de cela est que la tromperie et fraude du Démon ne peut jamais paraître où est la Divine Sapience. De plus, la marque la plus certaine de leur fausseté est l'élection des jours; puisque ceux que Dieu a expressément commandés de sanctifier, on peut librement opérer dans tous les autres jours. Et toutes fois et quantes que vous verrez des tables qui marquent les jours et leurs différences, les signes Célestes, et autres choses semblables, n'en faites pas de cas, parce qu'il y a un très grand péché caché et une tromperie du Démon; étant un de ses moyens pour tâcher de confondre la Vraie Sapience avec des mauvaises; parce que la Véritable Sapience du Seigneur peut opérer et faire des effets tous les jours, à chaque moment et atome[41].

Les Portes de ses Grâces sont journellement ouvertes; il souhaite et il lui plaît de nous aider aussi bien aujourd'hui que demain, et il n'y a

---

41   Mathers indique: *à chaque moment et seconde*. Même si ce dernier mot (atome) demeure quelque peu obscur, on comprend que le sens de la phrase indique que la Véritable Sapience peut opérer en tout temps et chaque instant.

point de vraisemblance qu'il veuille être assujetti au jour et à l'heure que les hommes voudraient lui prescrire, parce que lui-même est le Maître d'élire les jours qu'il veut aussi qu'ils soient sanctifiés. Fuyez aussi tous ces Livres dont les Conjurations renferment des paroles extravagantes et des mots inouïs et inexplicables, et qu'on ne saurait entendre[42] et qui sont proprement des inventions du Diable et de mauvaises gens.

Il faut se souvenir de ce que j'ai dit dans le Premier Livre, que dans la plupart de leurs Conjurations, il n'y était point fait mention du nom de Dieu Tout-Puissant, mais seulement des Invocations du Diable avec des paroles Chaldéennes très obscures. Qui sera si téméraire de ceux qui doivent traiter avec Dieu par l'entremise de ses Saints Anges, de croire qu'il doit lui parler en jargon, ne sachant ce qu'il dit ni ce qu'il demande. N'est-ce pas une folie de vouloir irriter Dieu même et les Sts Anges ? Marchons par la Voie droite, parlons devant Dieu avec le cœur et la bouche ouverte en notre propre langue maternelle, puisque comment pouvez-vous prétendre d'obtenir du Seigneur quelque grâce, si vous-même vous ne savez pas ce que vous demandez ? Et pourtant, le nombre est infini de ceux qui se perdent dans cette vanité. Plusieurs disent que la

---

42   Comprendre et interpréter.

langue grecque est plus agréable à Dieu ; il est vrai qu'elle l'était autrefois, mais aujourd'hui combien parmi nous, le savons-nous parfaitement ? C'est pourquoi qu'elle fut la plus grossière.

Je répète ; qu'un chacun parle sa langue propre, parce que, entendant ce que vous demandez au Seigneur, vous obtiendrez toute Grâce ; et [au contraire] demandant quelque chose injuste, elle vous serait refusée et ne l'obtiendriez jamais.

CHAPITRE CINQUIÈME

DANS CETTE OPÉRATION IL N'EST PAS NÉCESSAIRE D'ÉLIRE LE TEMPS, NI LE JOUR, NI LES HEURES

L n'y a point d'autres jours que ceux que Dieu a ordonné à nos pères. Tous les Samedis, Jours du Sabbat ; la Pâques, et la Fête de[s] Cabanes[43] ; dont l'une est un Premier de nos Mois, de Quinze, et l'autre 15 du 7eme Mois[44]. Or pour cette Opé-

---

43   *La Fête des Cabanes* ou *des Tabernacles* ; *Soukkot* en hébreu, est l'une des trois fêtes de pèlerinage prescrites par la Torah.

44   Cette *Pâques* survient autour de l'Équinoxe Vernal en date du 15 du Premier Mois Juif nommé *Nisan*. *La Fête*

ration, toute personne de quelle Loi qu'elle soit, pourvu qu'elle confesse y être [avoir] un [seul] Dieu, peut observer ces Fêtes. Pourtant, le véritable temps de commencer cette Opération est le premier jour après la célébration des Fêtes de Pâques, et cela fut ordonné à Noé, étant le temps le plus commode et [car] la fin tombe justement aux Cabanes.

Nos prédécesseurs l'ont ainsi observé et l'Ange[45] aussi l'a approuvé ; et pourtant il est plus à propos de suivre le bon conseil et exemple que de s'obstiner à suivre son caprice ; traitant l'élection du jour de chose payenne, n'ayant égard ni au Temps ni aux Éléments ; mais seulement à Celui qui accorde un tel Temps. Se trouvant alors, l'homme le plus en état de grâce et réconcilié avec Dieu, et plus pur que dans un autre temps ; et cela étant un point essentiel, vous devrez le bien considérer.

Il est bien vrai que les Éléments et les Constellations font d'eux-mêmes quelques Opérations, mais cela s'entend dans les choses naturelles, comme faire qu'un jour fait différent d'un autre ; mais une telle différence n'a que faire dans les choses Spirituelles et Surnaturelles, étant comme inutiles pour les Opérations Magiques. Les élec-

---

des Cabanes ou *des Tabernacles* débute le 15ᵉ jour du Septième Mois juif, soit *Tisri*.

45   En référence à l'Ange Gardien de l'auteur, Abraham.

tions des Jours et encore plus inutile ; les élections des Heures et Minutes dont les ignorants en font un si grand cas cependant sont grandement dans l'erreur [46].

De quoi j'ai résolu d'en faire un Chapitre particulier afin que cette erreur paraisse plus évidente à celui qui entend et qu'il en fasse son profit pour opérer avec esprit [47].

CHAPITRE SIXIÈME

DES HEURES PLANÉTAIRES ET AUTRES ERREURS DES ASTROLOGUES

L est vrai que les savants en Astrologie écrivent des Étoiles et de leurs mouvements, et dans les choses inférieures et élémentaires attenantes font divers effets ; et ce sont là, comme nous l'avons dit, des Opérations naturelles des Éléments ; mais qu'ils aient pouvoir sur les Esprits ou Forces dans toutes les choses Surnaturelles, cela ne se peut pas,

---

46   Il existait pourtant un homme savant, Albert le Grand, spécifiant bien que chaque chose désire être faite sous sa planète (et donc son temps et son heure).

47   Avec discernement ou bon jugement.

ni jamais sera. Mais il trouvera plutôt que par la permission du Grand Dieu, les Esprits dominent le firmament.

Quelle sottise ce serait donc d'implorer la faveur du Soleil, de la Lune et des Étoiles, lorsqu'il s'agit de parler aux Anges et avec les Esprits. Ne serait-ce pas une espèce d'extravagance de demander aux bêtes fauves la permission d'aller à la chasse ? Mais qui plus est, quand ils ont élu le jour, ils le divisent en plusieurs fausses parties comme heures, [et] minutes.

Ici ils disent, nous avons les Heures Planétaires ; à chaque Heure la Planète proposée. Oh que de Planètes. Oh quel bel ordre. Dites-moi, je vous prie, quelle utilité tirez-vous de cette division. Vous répondrez un très grand, parce qu'il nous apporte en toutes choses une bonne ou mauvaise fortune. Je dis et je répète absolument que cela n'est point vrai ; qu'ils fassent ainsi un changement de Temps et de l'Air en partie, je le concède, mais faites-moi la grâce de me dire comment divisez-vous les Heures Planétaires ? Je sais que vous commencez la première heure de ce jour de le Planète[48] qui lui donne le nom, comme le Di-

---

48   Ce n'est point une erreur de transcription. Traditionnellement, les noms des corps célestes étaient de genre masculin. Au risque de déplaire à certains puristes, je vais mettre au féminin le genre des Planètes (et donc des pronoms : *il* pour *elle*, etc.) pour le reste du texte, afin de ren-

manche on le donne au Soleil, le Lundi à la Lune, le Mardi à Mars, le Mercredi à Mercure, le Jeudi à Jupiter, le Vendredi à Vénus, et le Samedi à Saturne. Ensuite, vous divisez la quantité du Jour en 12 parties égales que vous appelez Heures, et à chaque Heure vous assignez sa Planète. Vous faites la même chose de la Nuit, selon que les Jours sont longs ou courts. Ainsi deviennent longues ou courtes les Heures. Comme par exemple, dans un Jour de Dimanche, le Soleil se lève à sept heures et se couche à 5 heures du soir ; la course sera de 10 Heures, lesquelles divisées en 12 parties égales, de sorte que chaque Heure est de 50 minutes.

Je dis donc que la Première Heure Planétaire est du Soleil, et elle est longue de 50 minutes. La Seconde est de Vénus ; la 3ème de Mercure ; et ainsi des autres. Ensuite, la 8ème Heure retourne au Soleil ; la 9ème de Vénus ; la 10ème de Mercure ; et ainsi finit le Jour. Vient ensuite la Nuit qui est plus longue, c'est-à-dire de 14 Heures. Et chaque Heure Planétaire de cette Nuit est de 70 minutes ; et pour continuer l'ordre commencé, la Première Heure de la Nuit sera Jupiter ; la 2ème de Mars ; la 3ème du Soleil ; et soit ainsi jusqu'au Lundi, dont la Première Heure est la Lune.

---

dre la lecture plus fluide et d'en favoriser la compréhension, puisque cela n'affecte en rien le sens ni les propos de l'auteur.

Dites-moi un peu, vient-il toujours de même, que quand le Lundi commence le Jour, c'est-à-dire que le Soleil se lève dans son Horizon, la Lune se lève aussi ensemble, et qu'elle se couche avec lui ? Il ne répondra pas. Pourquoi donc appartient au Second Jour de la semaine et à la Première Heure à la Lune, il ne pourra dire autre chose sinon que par rapport au nom.

Oh quelle erreur grossière ! Écoutez, dites-moi quand est plus puissante une Planète et a plus de force dans les Éléments ; et lorsqu'elle est dessus ou lorsqu'elle est dessous votre Horizon ou Hémisphère ? Il faut pourtant avouer qu'elle est plus puissante lorsqu'elle est dessus, parce qu'étant dessous [elle] n'a aucune force, mais bien auprès d'une autre. Pourquoi donc dessous nous attribuons à une Planète un Jour et une Heure, si pendant tout ce jour-là elle ne se lève point sur son Horizon ?

Abramelin comme maître très excellent dans les choses naturelles, m'enseigna une autre forme de division ; et que l'on examine bien pour voir si elle est mieux fondée que la susdite des Astrologues ; et me fit entendre quelles étaient les véritables Heures Planétaires. Lorsque la Planète commence à paraître sur l'Horizon, alors son Jour commence. Soit qu'il soit clair et obscur, noir ou blanc, et jusqu'à ce qu'elle tremonte, son Jour dure jusqu'à ce qu'elle se lève derechef. Après qu'elle s'est couchée, la Nuit dure ; de sorte que tant dans les Jours du Soleil que de la Lune et des autres, sont mêlés les Jours de toutes les Planètes ; mais l'un commence plus tôt que l'autre, selon qu'ils se trouvent mêlés dans les Signes Célestes.

Maintenant, faut vous dire quelles sont les Heures Planétaires. Sachez que chaque Planète dure une heure seulement, pendant laquelle elle est très puissante sur vous et sur votre tête, c'est-à-dire quand elle est au Méridien. Donc, arrivant ensemble les Heures des deux Planètes dans l'instant, ils font un effet selon la nature, qualité, et complexion de ces Étoiles, mais tout cela ne se fait que dans les choses naturelles.

Voilà que je vous ai déclaré et prouvé les erreurs des Astrologues. Gardez-vous de ces fols insensés des Jours et d'Heures, parce que si vous vous en servez comme font les faux Magiciens et Enchanteurs, Dieu vous châtiera ; et pour vous châtier, se servira fort peu d'attendre l'Heure de Saturne [ou] de Mars.

Je finis ce Chapitre ayant assez parlé de la fausse et inutile élection des Jours et des Heures des Astrologues.

CHAPITRE SEPTIÈME

CE QUE L'ON DOIT FAIRE DANS LES DEUX PREMIÈRES LUNES COMMENÇANT CETTE VÉRITABLE ET SACRÉE MAGIE

ELUI qui commence cette opération doit considérer avec soin ce que nous avons dit ci-devant, et faire attention à ce qui suit ; et l'affaire étant d'importance, je laisserai à part pour le présent toute autre circonstance, et nous commencerons par l'Opération que l'on doit faire le premier matin après avoir célébré la Fête de Pâques.

Premièrement, ayant lavé proprement tout son corps et ayant pris des habits neufs ; mais positivement un quart d'heure avant le lever du Soleil, vous entrerez dans l'Oratoire, ouvrirez la fenêtre et vous mettrez à genoux devant l'Autel, tournant la face vers la fenêtre ; et dévotement avec hardiesse, vous invoquerez le Nom du Seigneur, le remerciant de toutes les Grâces qu'il vous a faites et accordées depuis votre enfance jusqu'alors.

Puis, avec pudeur, vous vous humilierez et lui confesserez entièrement tous vos péchés ; le suppliant de vouloir vous les pardonner et remettre. Vous le supplierez aussi, dans le temps à venir, [qu'il] veuille et Lui plaise de vous regarder en pitié et de vous accorder sa bienveillance et bonté de vous envoyer son St Ange qui vous serve de Guide et vous conduise toujours dans la Ste Voie et volonté ; afin que vous ne tombiez pas dans le péché par inadvertance, par ignorance, et par fragilité humaine.

Vous pouvez commencer votre Oraison de cette manière, et la continuer ainsi tous les matins pendant les deux Lunes ou Mois premiers.

Il me semble maintenant qu'on me dit : pourquoi ne m'écrivez-vous pas les paroles ou la forme des Oraisons que je dois dire ; car pour moi, je ne suis pas si habile, ni dévot, ni savant ?

Sachez que quoique dans le commencement votre Oraison soit faible, elle sera suffisante, pourvu que vous sachiez demander la Grâce du Seigneur avec affection et un cœur vrai, duquel il faut qu'elle parte. Et de parler sans dévotion, sans attention, sans esprit ; cela ne sert de rien, ni même prononcer avec la bouche seulement, sans la véritable intention ; ou de lire comme font les ignorants et les impies. Mais il faut que vous tiriez votre Oraison du centre de votre cœur, parce que mettant par écrit les Oraisons, l'entendement ne l'expliquerait point à prier[49]. Cela est cause que

---

49   Cela est tout à fait juste, et pour toutes pratiques de Magie confondues. Il est important pour l'opérateur de connaître le sens des mots qu'il prononce. S'il devait utiliser un langage *barbare,* le latin ou même l'énochien, par exemple, il serait mieux d'en connaître la traduction.

je n'ai pas voulu donner aucune forme d'Oraison, afin que de vous-même vous appreniez à prier et invoquer le St Nom de Dieu Notre-Seigneur; et pour cela je n'ai pas voulu que vous vous fondiez sur moi pour prier.

Vous avez la Sacré et Sainte Écriture, laquelle est pleine de très belles et très puissantes Oraisons et actions de grâces. Étudiez dans icelle et apprenez-la; vous ne manquerez pas d'instructions pour prier avec fruits. Et quoique dans le commencement votre prière soit faible, suffit que le cœur soit réel et loyal envers Dieu, qui peu à peu illuminera dans vous son St Esprit, qui vous enseignera et éclairera (si) votre esprit que vous saurez et pourrez prier.

Après que vous aurez fait votre Oraison, vous fermerez la fenêtre et sortirez de l'Oratoire, afin qu'aucun n'y puisse entrer, et vous n'y entrerez pas jusqu'au soir, lorsque le Soleil sera couché. Alors vous y entrerez derechef et vous ferez votre Oraison en la même manière que le matin. Pour le reste, vous vous gouvernerez chaque jour comme je vous le dirai dans l'instruction suivante.

Touchant la Chambre et l'Oratoire, comme ils doivent accommoder, je dirais ci-après dans le Chapitre XI, qu'il faut que vous ayez une Chambre près de l'Oratoire ou [près de] votre habitation ordinaire, qu'il faut auparavant bien nettoyer et parfumer, et que le lit soit neuf et propre. Il faut mettre toute son attention à la pureté de toute chose, parce que le Seigneur a en abomination tout ce qui est impur. Vous dormirez dans ladite Chambre, et vous y entretiendrez le jour, y expédiant les affaires qui regardent votre commerce, et dont vous pouvez vous dispenser. Vous pourrez dormir dans le lit avec VOTRE FEMME[50] lorsqu'elle est pure, mais ayant les mois[51], vous ne permettrez qu'elle entre dans le lit, ni même dans la Chambre.

Toutes les veilles du Jour du Sabbat, il faut changer de draps du lit et tous les linges. Vous parfumerez la Chambre tous les Samedis. Et n'y laissez entrer, ni habiter aucun chien, ni chat, ni autre animal, afin qu'il ne la salisse point. Pour ce qui regarde l'obligation matrimoniale, c'est chasteté, et devoir que d'engendrer des enfants ; mais le tout doit se faire dans la crainte de Dieu, et que la femme surtout ne soit impure. Mais pour les autres quatre Lunes suivantes, vous fuirez le coït comme la peste. Même si vous avez des enfants, tâchez de les placer auparavant, afin qu'ils ne vous soient incommodes auprès de vous ; excepté l'aîné de la famille et ceux qui sont à la mamelle.

Pour ce qui regarde le régime de vie et vos actions, vous devez avoir égard à votre état et condi-

---

50   Ces deux mots soulignés dans le Ms.
51   Menstruations ; règles mensuelles.

tion. Si vous êtes votre maître[52], défaites-vous de toutes vos affaires et quittez toutes compagnies et conversations mondaines et vaines, le mieux qu'il vous sera possible, menant une vie tranquille, solitaire, et honnête.

Si auparavant vous avez été un homme méchant, débauché, avare, luxurieux et orgueilleux, laissez à part et fuyez tous les vices. Considérez que ce fut une des principales causes pour lesquelles ABRAHAM, MOÏSE, DAVID, ÉLIE, JEAN, et autres saints hommes se retirèrent dans le désert jusqu'à ce qu'ils eussent acquis cette Sacrée Science et Magie ; parce que, où il y a beaucoup de peuples, naissent plusieurs scandales ; et où [est] le scandale, naît le péché ; ce qui ensuite offense et chasse l'Ange de Dieu et la Voie qui conduit à la Sapience est fermée.

Fuyez autant que vous pourrez la conversation des hommes et principalement de ceux qui, par le passé, auraient été compagnons de vos débauches ou qui vous auront conduits au péché. Vous chercherez la retraite autant qu'il vous sera possible ; jusqu'à ce que vous ayez reçu la Grâce du Seigneur que vous demandez. Un domestique qui est obligé de servir ne peut avoir ces commodités.

---

52   Dans le sens de n'être redevable envers personne, contrairement au cas d'un domestique.

Prenez garde en traitant d'affaires, en vendant, ou achetant ce qui vous sera nécessaire de ne point vous mettre en colère, mais soyez modeste et patient dans vos actions.

Vous prendrez chaque jour deux heures de temps, l'après dîné, pendant lesquelles vous lirez avec soin la Ste Écriture et autres Livres Sacrés, parce qu'ils vous apprendront à être bon, à prier, et à craindre le Seigneur. Et de jour en jour, vous connaîtrez mieux votre Créateur. Les autres exercices licites et permis son déclarés après et principalement dans le Chapitre XI.

Pour le manger, le boire, et dormir, [ils] doivent être modérés et point superflus. Il faut principalement fuir l'ivresse et fuyez les repas publics. Contentez-vous de manger chez vous, en paix, ce que Dieu vous accorde avec votre famille. Il ne faut point dormir le jour, mais vous le pouvez le matin, après que vous aurez fait votre Oraison. Vous pouvez, si vous le voulez, vous mettre dans votre lit à reposer. Et s'il arrivait, par hasard, que vous ne vous levassiez pas si à bonne heure, c'est-à-dire avant le lever du Soleil, [ce ne serait pas dramatique] pourvu que cela ne soit pas fait malicieusement. N'importe, vous ferez votre Oraison ordinaire du matin ; mais ne vous accoutumez pas à être paresseux, étant toujours mieux de prier Dieu à bonne heure.

DE L'HABILLEMENT ET FAMILLE

Votre habit doit être propre mais modéré, et selon l'usage. Fuyez toute vanité. Vous aurez 2 habits pour vous changer ; et vous changerez toutes les veilles du Sabbat, vous mettant un [habit] pour une semaine et l'autre pour une autre, les brossant auparavant et les parfumant.

Pour ce qui regarde la famille, plus le nombre sera petit, mieux il sera. Faites en sorte que les domestiques soient modestes [et] tranquilles. Tous les avis sont des points principaux qu'il faut observer. Pour ce qui regarde le reste, vous n'avez qu'à mettre devant vos yeux les Tables de la Loi pendant ce temps-là, et aussi après ; parce que les Tables doivent être la règle de votre vie.

Que votre main soit toujours prête à faire l'aumône et autres bienfaits à votre prochain ; et que votre cœur soit toujours ouvert pour les pauvres, que Dieu aime si fort qu'on ne saurait l'exprimer.

Et au cas que pendant ce temps-là vous fuissiez attaqué de quelque maladie qui ne vous permit pas d'aller à l'Oratoire, cela ne doit pas vous obliger à cesser votre entreprise d'abord ; mais vous devez vous gouverner le mieux qu'il vous sera possible ; et vous ferez votre Oraison dans le lit, priant Dieu qu'il veuille vous redonner la santé afin que vous puissiez continuer votre entreprise et faire les sacrifices qui sont dus, et avec plus de force travailler à obtenir sa Sapience.

Et voilà tout ce que l'on doit observer et faire pendant les deux Lunes.

CHAPITRE HUITIÈME

DES DEUX SECONDES LUNES

ES deux premières Lunes étant finies, commencent les deux secondes pendant lesquelles vous ferez votre Oraison, le matin et le soir, à l'heure ordinaire ; mais auparavant que vous entriez dans l'Oratoire, vous laverez les mains et la face proprement avec de l'eau pure. Et prolongerez votre Oraison avec l'affection, la dévotion et soumission la plus grande possible, priant humblement le Seigneur Dieu qu'il daigne commander à ses Sts Anges qu'ils vous conduisent dans la Vraie Voie, et Sapience, et Connaissance, laquelle, en étudiant avec soin et assidûment dans la Sacrée Écriture, naîtra de plus en plus abondamment dans votre cœur.

L'usage des droits du mariage est permis et ne doit point faire de peine.

Vous laverez aussi tout votre corps toutes les veilles du Sabbat.

Pour ce qui regarde le commerce et la manière de vivre, je vous ai déjà donné une instruction assez suffisante ; il faut seulement que vous tâchiez de vous retirer du monde et de chercher la retraite ; et vous étendrez votre Oraison le plus qu'il vous sera possible.

Pour le manger, le boire et l'habillement, vous vous gouvernerez tout de même que dans les deux premières Lunes ; excepté que vous jeûnerez le jeûne Cabalistique toutes les veilles du Sabbat.

Nota : Le Sabbat est pour les Juifs qui ont coutume de le faire tous les Samedis ; mais les Chrétiens, ce Sabbat est le Dimanche, et doivent prendre le Samedi pour leur veille.

CHAPITRE NEUVIÈME

DES DEUX DERNIÈRES LUNES QU'IL FAUT COMMENCER AINSI

LE matin et à midi, vous laverez vos mains et votre visage en entrant dans l'Oratoire. Et premièrement, vous ferez la confession de tous vos péchés. Ensuite, avec une Oraison très ardente, vous prierez le Seigneur qu'il vous accorde cette grâce particulière, c'est-à-dire que vous puissiez jouir et résister à la présence et conversation de ses S^{ts}

Anges, et, qu'il daigne par leur entremise, vous accorder la Secrète Sapience pour pouvoir dominer sur les Esprits et sur toutes les créatures.

Vous ferez la même chose à midi, avant dîner, et le soir aussi de sorte que pendant les deux dernières Lunes, vous ferez l'Oraison trois fois par jour ; et pendant ce temps-là, vous tiendrez toujours du Parfum sur l'Autel. Vous prierez aussi sur la fin de votre Oraison les Sts Anges, les suppliant de porter votre sacrifice devant la face de Dieu, intercédant pour vous et qu'ils soient assistants dans toutes vos Opérations, dans les deux Lunes.

L'homme étant son maître quittera toutes sortes d'affaires, excepté les œuvres de charité envers son prochain.

Vous fuirez toute société excepté celle de votre femme et de vos domestiques. Vous emploierez la plus grande partie du temps à parler de la Loi de Dieu, et à lire des Livres qui en parlent savamment ; afin que vos yeux soient ouverts à ce que peut-être, jusqu'à présent, vous n'avez point encore vu, ni pensé, ni cru.

Vous jeûnerez toutes les veilles du Sabbat, et laverez votre corps, et changerez d'habit.

De plus, vous aurez une Veste et Tunique de lin que vous mettrez toutes les fois que vous entrerez dans l'Oratoire, auparavant que vous commenciez à mettre du Parfum dans l'Encensoir, comme je le dirai plus amplement ci-après.

Vous aurez aussi un panier ou autre vase de cuivre rempli de charbons pour mettre dans l'Encensoir quand il le faut, et le reporterez dehors parce que l'Encensoir ne doit jamais se porter dehors de l'Oratoire[53].

Observez que les charbons[54], après avoir fait l'Oraison, vous devez les porter hors de l'Oratoire ; principalement pendant les deux dernières Lunes, et faut les enterrer dans un endroit qui ne soit point immonde, comme dans un jardin.

CHAPITRE DIXIÈME

DES CHOSES QUE L'HOMME PEUT APPRENDRE ET ÉTUDIER PENDANT CES DEUX LUNES

UOIQUE ce soit le meilleur conseil que je puisse donner, que l'homme se retirât dans quelques déserts ou solitudes, jusqu'à ce que le temps des Six Lunes destinées à cette Opération soit passé ; et qu'il eût obtenu ce qu'il souhaite, comme on fait

---

53   Seul le vase de cuivre contentant les charbons est autorisé à sortir de l'Oratoire. L'Encensoir doit demeurer en permanence sur l'Autel.

54   Les braises et les cendres.

les Anciens. Néanmoins, cela est maintenant impossible ; et il faut s'accommoder selon le temps[55], ne pouvant exécuter le premier, nous devons tâcher d'exécuter le second, et s'attacher seulement aux Choses Divines.

Mais quelques-uns ne peuvent s'assujettir à cela, quoiqu'ils le voudraient bien, à cause de leurs charges et grades qui ne leur permettent pas, et sont forcés de pratiquer [de par le] monde.

Afin donc qu'ils sachent quelles actions et négoces [ils] peuvent exercer sans préjudice [à l'égard] de cette Opération, je le dirai en peu de mots.

On peut exercer la Médecine et tous les Arts qui en dépendent ; et faire toutes les Opérations qui tendent purement à la charité et miséricorde envers le prochain. Pour ce qui concerne les Arts Libéraux, vous pouvez vous amuser [entre autres] à l'Astronomie ; mais fuyez tous les Arts et Opérations qui ont la moindre ombre de Magie et Sorcellerie, parce qu'ils ne faut pas mêler Dieu avec Belial ; Dieu veut être seul. A lui appartient tout honneur et gloire.

Toutes les choses susdites sont pourtant permises pour les 2 premières et les 2 secondes Lunes. Vous pourrez vous promener dans un jardin pour vous récréer. Vous ne ferez pourtant

---

55   Selon l'époque à laquelle nous vivons. Il ne faut pas perdre de vue que ce Manuscrit fut écrit en 1458, temps ou les habitudes de vie étaient différentes.

aucune œuvre servile ; et vous pourrez aussi méditer, dans les fleurs et les fruits, [à propos de] la grandeur *la grandeur* [*sic*] de Dieu.

Mais pendant les deux troisième et dernière Lunes, vous devez quitter tout, ne devant votre récréation s'étendre que des choses Spirituelles et Divines. Si vous voulez être participant de la Conversation des Anges et de la Sapience Divine, laissez à part toutes les choses curieuses, et regardez comme un bonheur que vous pourrez dérober 2 ou 3 heures pour étudier la Sainte Écriture, parce que d'icelle vous en tirerez une utilité incroyable ; et même moins vous saurez, d'autant plus vous deviendrez savant et docte. Il suffit qu'en faisant vos Oraisons vous ne soyez pas sommeilleux, et que vous ne manquiez en rien dans cette Opération par négligence et volontairement [volontarité].

CHAPITRE ONZIÈME

DE L'ÉLECTION DU LIEU

N doit faire élection du Lieu avant de commencer l'Opération et avant la célébration de la Pâques, afin qu'on puisse le faire sans aucun empêchement, et faut que toutes choses soient prêtes. Celui qui

commence cette Opération dans la solitude peut élire un Lieu à son plaisir ; où il y a un petit bois, au milieu duquel vous ferez un petit Autel et vous le couvrirez d'une cabane de beaux rameaux afin que la pluie ne tombe point dessus et éteigne la Lampe et l'Encensoir. Autour de l'Autel, à la distance de sept pas, vous préparerez une haie de fleurs, d'herbes, et d'arbustes verts afin qu'elle partage l'avenue en deux parts ; c'est-à-dire l'intérieur où sera l'Autel et la cabane comme un Temple ; et que la partie extérieure et le reste de la place soient comme d'un portique.

Si vous ne commencez pas cette Opération dans une campagne et, la faisant dans la ville ou dans quelque habitation, je vais vous dire ce qu'il faut faire.

Vous devez élire un appartement qui ait une fenêtre jointe à laquelle il y aura une Terrasse découverte, et une Loge couverte avec des toits, pour qu'elle ait de toutes parts des fenêtres pour que vous puissiez regarder partout et y entrer dans l'Oratoire. Dans lequel endroit apparaîtront les Esprits Malins puisqu'ils ne puissent paraître dans l'Oratoire[56]. Dans lequel endroit à part de l'Oratoire, du côté du Septentrion, vous aurez une Loge couverte dans laquelle on puisse voir

---

56   L'Oratoire étant l'espace sacré de l'opérateur, lequel agit aussi à la manière des Cercles lors des Évocations magiques.

l'Oratoire. Je fis aussi percer dans l'Oratoire deux fenêtres grandes ; et dans le temps de la Convocation des Esprits, je les fis ouvrir et j'ôtai les volets et la porte par lesquels je pouvais regarder partout et les contraindre[57] à m'obéir.

L'Oratoire doit toujours être net et balayé proprement, et le plancher doit être boisé avec du sapin blanc. Finalement, il faut préparer ce Lieu si proprement que l'on puisse juger que c'est un lieu destiné à l'Oraison.

La Terrasse et la Loge contiguë où l'on invoque les Esprits, on doit les sabler avec le sable de rivière, à la hauteur de deux doigts au moins. L'Autel doit être dressé au milieu de l'Oratoire et de la personne. Si on fait cet Oratoire dans les lieux déserts, il faut le bâtir[58] avec des pierres qui n'aient point été travaillées, ni touchées par le marteau.

La Chambre doit être boisée avec du bois de sapin, et on y suspendra une Lampe pleine d'Huile d'Olive, laquelle toutes les fois que vous brûlerez le Parfum et que vous aurez fini l'Oraison, vous l'éteindrez. Il faut poser sur l'Autel un bel Encensoir en bronze ou d'argent, si on en a le moyen, lequel on n'ôtera point de la place qu'après que l'Opération sera finie, [si] ce faisant dans une habitation ; car dans la campagne on

---

57   Les Esprits Malins.
58   L'Autel.

ne peut faire cela. Ainsi en ce point, comme dans tous les autres, on doit se gouverner selon la commodité que l'on aura.

L'Autel qui sera construit avec du bois doit être vide dedans, en manière d'armoire, dans lequel vous tiendrez toutes les choses nécessaires, comme les deux Vestes, la Couronne ou Mitre, la Baguette, les Stes Huiles, la Ceinture et le Parfum ; et toutes les autres choses qui seront nécessaires.

Les seconds habillements seront une Chemise ou Tunique de lin, grande et blanche avec des manches faites proprement. La 2eme Veste sera de soie cramoisie, avec or, et elle ne sera pas plus longue que jusqu'aux genoux, avec des manches de la même étoffe. Pour les Vestes, il n'y a point de règles particulières pour les faire, ni tant d'observations à suivre. Mais plus elles seront riches et propres, tant mieux sera. Vous ferez faire aussi une Ceinture de soie de la même couleur de la Tunique, avec laquelle vous vous ceindrez. Vous aurez sur la tête une belle Couronne ou bande tissée de soie et or.

Vous préparerez l'Huile Ste en cette manière : Prenez de Myrrhe en larmes, une partie ; de Cannelle fine, deux parties ; du Galanga[59], demi-partie ; et la moitié de tout le poids de ces drogues

---

59   Probablement Galangal.

d'Huile d'Olive de la meilleure [qualité]. Lesquels aromates, suivant l'Art des Apothicaires, vous les mêlerez ensemble et en ferez comme un Baume que vous garderez dans un vase de verre, que vous mettrez dans l'Armoire de l'Autel.

Le Parfum, on le fera ainsi: Prenez de l'Encens en larmes[60], une partie; du Stoelas du Levant[61], demi-partie; du bois d'Aloès[62], un quart de partie; et ne pouvant avoir de ce bois, vous prendrez de celui de Cèdre, de Rose, de Sandal[63] citrin ou autre bois odifère. Vous réduirez toutes ces choses en poudre très fine, et les mêlerez bien ensemble, et les garderez en une boite ou autre vase propre. On consume beaucoup de ce Parfum, c'est pourquoi vous ne ferez pas mal d'en faire la veille du Sabbat pour toute la semaine.

Vous aurez aussi une Baguette unie, droite, de bois d'Amandier, de la longueur d'une brasse environ ou demi-aulne. Et vous tiendrez les choses proprement dans l'Armoire de l'Autel pour vous en servir en temps et lieu.

Suit ci-après la manière de se conserver soimême et d'opérer.

---

60   Ou Oliban.

61   Ou Storax.

62   A ne pas confondre avec la plante aloès dont le suc est couramment utilisé. Le bois d'Aloès est aussi nommé bois de Oud ou d'Agar ou Calambac.

63   Bois de Santal.

CHAPITRE DOUZIÈME

COMMENT ON DOIT SE CONSERVER SOI-MÊME POUR BIEN OPÉRER

ETTE opération est en vraiment Divine en divers temps, faut traiter encore et distinguer la Consécration présente. Vous saurez donc dans les 2 premières Lunes et 2 secondes Lunes, il ne faut pas faire autre Consécration que celle dont nous avons parlé aux Chapitres VII et VIII, auxquels pour n'être pas trop long, je vais vous renvoyer. Et je vous dis seulement que dans les 2 premières et 2 secondes Lunes, tous les Samedis faisant l'Oraison, vous ferez aussi le Parfum, tant le matin que le soir ; et dans les 2 troisièmes et dernières Lunes, vous ferez l'Oraison et le Parfum trois fois par jour.

Maintenant, voici la dernière partie du temps. Ici, ouvrez les yeux et soyez attentif et vous gouvernerez en tout et partout en la manière que je vous écris. Ayez confiance en Dieu, parce que si jusqu'alors vous avez fidèlement observé mon instruction que je vous ai donnée, et si votre Oraison aura été faite de bon cœur et avec dévotion, il est à n'en point douter que toute chose vous paraîtra facile, et votre propre esprit et votre entendement vous enseignera la Voie comment vous devez vous conduire dans toutes choses; parce que votre Ange Gardien est déjà auprès de vous, quoique invisible, et conduit et gouverne votre cœur afin que vous n'erreriez.

Les deux Lunes étant finies, le matin, vous commencerez tout ce qui est commandé au Chapitre IX, et de plus observerez le présent Chapitre.

D'abord que vous serez entré dans l'Oratoire, vous laisserez vos souliers dehors et, ayant ouvert la fenêtre, vous mettrez les charbons allumés dans l'Encensoir que vous aurez portés avec vous. Vous allumerez la Lampe et tirerez hors de l'Armoire de l'Autel vos deux Vestes, la Couronne, la Ceinture, et la Baguette la mettant sur l'Autel. Puis prenez l'Huile Sainte à votre gauche[64], jetez du Parfum sur le Feu, et vous mettrez à genoux priant le Seigneur avec ardeur :

[L'ORAISON]

Seigneur, Dieu de Miséricorde, Dieu Patient, Très-Bénin et Libéral; qui accordez vos Grâces en mille manières et générations; qui oubliez les iniquités, les péchés et les transgressions des hommes; en la Présence duquel aucun n'a été trouvé innocent; qui visitez les manque-

---

64   Dans la main gauche.

ments du père dans les enfants et neveux jusqu'à la troisième et quatrième génération ; je connais ma misère et que je ne suis pas digne de paraître devant Votre Divine Majesté, ni même d'implorer et prier votre Bonté et Miséricorde pour la moindre Grâce. Mais, Seigneur des Seigneurs, la Source de votre Bonté est si grande que d'elle-même elle appelle ceux qui sont honteux par leurs péchés et n'osent approcher et les convie à boire vos Grâces. C'est pourquoi, Seigneur mon Dieu, ayez pitié de moi, et ôtez-moi toute iniquité et malice ; lavez mon âme de toutes immondices du péché ; renouvelez en moi mon esprit, et le confortez afin qu'il soit puissant et puisse comprendre le Mystère de votre Grâce, et les Trésors de votre Sapience Divine. Et sanctifiez-moi avec l'Huile de votre Sanctification, avec laquelle vous avez sanctifié tous vos Prophètes ; et purifiez en moi avec icelle tout ce qui m'appartient, afin que je sois digne de la Consécration de vos Sts Anges et de votre Divine Sapience, me donnant le Pouvoir que vous avez accordé à vos Prophètes sur tous les Esprits Malins. Amen. Amen.

C'est là l'Oraison que je fis dans ma Consécration, laquelle je ne mets pas ici pour vous astreindre à vous obliger à faire la même, ou que je la dise en forme de perroquet auquel on apprend à parler ; mais seulement pour vous donner une idée de la manière qu'il faut prier.

Ayant fait votre Oraison, levez-vous debout et oignez le milieu de votre front avec un peu d'Huile Sainte. Ensuite, plongez votre doigt dans la même Huile et en oignez les quatre coins supérieurs de l'Autel. Touchez aussi avec cette Huile Sainte les Vestes, la Ceinture, la Couronne, et la Baguette des deux côtés. Vous toucherez aussi les portes et les fenêtres de l'Oratoire puis, avec le doigt trempé dans l'Huile, vous écrirez sur les quatre faces de l'Autel ces paroles, de sorte qu'elles soient parfaitement bien écrites de chaque côté :

En quelque lieu que ce soit, où sera faite commémorations de mon Nom, je viendrai à vous et je vous bénirai.

Cela fait, la Consécration est finie ; et alors vous mettrez la Chemise blanche et toutes les autres choses dans l'Armoire de l'Autel. Mettez-vous ensuite à genoux et faites votre prière ordinaire, comme au Chapitre 3eme et gardez-vous bien de porter aucune chose consacrée hors de l'Oratoire ; et pendant tout le temps suivant, vous entrerez dans l'Oratoire et célébrerez l'Office les pieds nus.

CHAPITRE TREIZIÈME

DE LA CONVOCATION DES BONS ESPRITS

NOUS sommes maintenant parvenus à un point que vous pourrez voir, ayant dûment opéré et observé les instructions que je vous ai données, et ayant pendant tout ce temps-là servi Dieu, votre Créateur, avec un cœur parfait.

Nous sommes déjà parvenus au terme. Ainsi, le matin suivant, levez-vous de bonne heure, ne vous lavez point ni ne vous habillez point de vos habits ordinaires ; mais prenez un habillement de Deuil. Entrez à pieds nus dans l'Oratoire, allez du côté de l'Encensoir, prenez des cendres, et vous en mettez sur la tête. Allumez la Lampe et mettez des charbons dans l'Encensoir et, ayant ouvert les fenêtres, vous vous en retournerez à la porte.

Là, vous vous prosternerez la face contre terre et ordonnerez à l'Enfant de mettre du Parfum dans l'Encensoir, lequel ensuite se mettra à genoux devant l'Autel ; suivant en tout et partout l'instruction que je vous ai donnée au dernier Chapitre du Premier Livre, auquel je m'en rapporte[65].

Humiliez-vous devant Dieu et la Cour Céleste, et commencez votre Oraison avec ferveur, car

---

65   Livre Premier, Chapitre XII.

alors que vous commencerez à vous enflammer en priant, vous verrez paraître une splendeur extraordinaire et surnaturelle qui remplira tout l'appartement et l'inondera d'une odeur inexprimable[66], et cela seulement vous consolera et vous confortera le cœur tellement que vous appellerez à jamais heureux le Jour du Seigneur.

Et l'Enfant[67] sentira un contentement admirable en la présence de l'Ange, et vous continuerez toujours l'Oraison, redoublant votre ardeur et ferveur, et prierez le St Ange qu'il daigne signer et écrire dans une petite Lame d'argent carrée, que pour cet effet vous aurez fait faire et que vous aurez mise sur l'Autel, un autre Signe si vous en eussiez besoin pour le voir ; et tout ce qu'il faudra que vous fassiez.

D'abord que l'Ange aura fait le Signe par écrit, et qu'il aura écrit quelque autre avis qui vous fut nécessaire, il disparaîtra, mais la splendeur restera. Ce que l'Enfant ayant observé et qu'il vous aura fait signe, vous lui ordonnerez qu'il vous ap-

---

66   Cela a déjà été prouvé personnellement que, lorsque des Êtres des Sphères élevées se manifestent, il y règne souvent pendant ou après leur passage un doux parfum similaire à celui de la rose.

67   Je partage ici l'avis de Mathers, à savoir, rendu à ce stade, une personne suffisamment développée et *clairvoyante*, laquelle a dévotement dédié les six derniers mois à cette Opération, pourrait se passer d'un enfant à titre de médium, et ainsi compléter le Rituel par elle-même.

porte vitement la petite Planche d'argent et, ce que vous trouverez écrit sur icelle, vous le copierez d'abord, et commanderez [ensuite] à l'Enfant de la reporter sur l'Autel.

Et alors vous sortirez de l'Oratoire et laisserez les fenêtres ouvertes et la Lampe allumée. Et pendant ce jour-là, vous n'entrerez pas dans l'Oratoire, mais vous préparez le jour suivant; et prenant ce jour-là, vous ne parlerez à personne, ni leur répondrez, quand même ce serait votre femme propre qui vous interrogeât, ou vos enfants, ou vos domestiques; excepté à l'Enfant que vous pourrez congédier. Et vous donnerez auparavant ordre à vos affaires, et vous les arrangerez de manière qu'il ne vous survienne aucun embarras qui puisse vous détourner. Le soir, lorsque le Soleil sera couché, vous pourrez manger, mais sobrement. Ensuite, vous irez vous reposer seul et vous vivrez séparé de votre femme pendant ces jours.

Vous ferez les Cérémonies sans y manquer aucunement pendant Sept Jours, savoir: le Jour de la Consécration, les Trois Jours de la Convocation des Esprits Bons et Saints, et les Trois autres Jours de la Convocation des Esprits Malins.

Or le second matin, après vous être préparé et exécuté l'avis de [que] l'Ange vous aura donné, vous irez de bonne heure à l'Oratoire, vous mettrez les charbons allumés et des Parfums dans l'Encensoir, vous allumerez la Lampe, si elle est éteinte, et, avec le même habit de Deuil comme au jour d'auparavant, prosterné la face par terre, à la porte, vous prierez et supplierez humblement le Seigneur qu'il ait pitié de vous, et qu'il daigne exaucer votre Oraison ; qu'il vous accorde la vision de ses Anges, et que les Esprits élus se daignent vous accorder leur familiarité. Et vous prierez le mieux qu'il vous soit possible, et avec la plus grande ferveur que vous pourrez tirer de votre cœur, pendant 2 ou 3 heures ; puis sortirez de l'Oratoire, y retournant à midi pour une autre heure, et pareillement le soir ; puis vous mangerez comme [il] est dit, et irez vous reposer. Sachez que l'odeur et la splendeur ne sortiront point de l'Oratoire.

Le 3eme jour étant arrivé vous ferez ainsi. Le soir vous laverez tout votre corps proprement et le matin, étant habillé de vos habits ordinaires, vous entrerez dans l'Oratoire pieds nus. Ayant mis le Feu et le Parfum dans l'Encensoir et allumé la Lampe, vous mettrez la Veste blanche et vous vous mettrez à genoux devant l'Autel à rendre grâce à Dieu de tous ses bienfaits, et premièrement de vous avoir accordé un Trésor si grand et si précieux. Vous rendrez grâce aussi aux Sts Anges Gardiens, le priant[68] que dorénavant, [il] veuille avoir soin de vous pendant tout le temps

---

68   Celui qui, parmi les Saints Anges Gardiens, vous est personnellement assigné.

de votre vie ; et qu'il ne vous abandonne jamais, qu'il vous conduise dans la Voie du Seigneur, et qu'il veuille précisément vous assister et consentir à la présente Opération de la Sacrée Magie, afin que vous ayez une telle Force et Vertu, que vous puissiez contraindre les Esprits Maudits de Dieu, à l'Honneur de votre Créateur, et à l'utilité propre et celle de votre prochain.

Et alors, vous expérimenterez d'abord que vous avez bien employé le temps de vos Six Lunes, et comme vous avez dignement travaillé à la recherche de la Sapience du Seigneur ; puisque vous verrez que votre Ange Gardien vous apparaîtra d'une beauté sans pareille, et qui vous parlera et vous dira des paroles si pleines d'affection et de bonté, avec une telle douceur, qu'aucune langue humaine ne saurait l'exprimer. Il vous animera à votre grand contentement à la crainte de Dieu, vous faisant un récit des bienfaits que vous avez reçus de Dieu ; et vous faisant souvenir des péchés avec lesquels vous l'avez offensé pendant tout le temps de votre vie, et vous instruira vous donnant la manière et comment vous pourrez l'apaiser avec une vie pure, dévote, et réglée, et par des actions méritoires et honnêtes, et telles que Dieu vous ordonnera.

Et ensuite, il vous déclarera la Véritable Sapience et Sacrée Magie, [et aussi] où vous avez erré dans votre Opération, et comment vous devez procéder de là, en avant, pour dompter les

Esprits Malins, et parvenir finalement à tous vos souhaits. Il vous promettra de ne vous point abandonner, de vous défendre et assister pendant tout le temps de votre vie, à condition que vous obéissiez à ses commandements et que vous n'offensiez pas volontairement votre Créateur. En un mot, vous serez accepté de lui avec tant d'affection, que cette déclaration que je vous fais, vous paraîtra un rien en comparaison.

Je commence ici à me restreindre dans mon écrit, puisque par la Grâce du Seigneur, je vous ai soumis et consigné à un Maître tel qu'il ne vous laissera jamais errer.

Observez que dans le 3ᵉᵐᵉ jour que vous devez demeurer en la familiarité et conversation de l'Ange Gardien. Vous sortirez un peu de l'Oratoire [en] après midi, demeurant dehors environ une heure, puis, le reste du jour, vous y demeurerez, recevant du Sᵗ Ange une distincte et ample information touchant les Esprits Malins et la manière de les soumettre, écrivant et prenant une note de toutes ces choses avec soin.

Or le Soleil étant couché, vous ferez l'Oraison du Soir avec le Parfum ordinaire, rendant grâce à Dieu, en particulier de la très grande Grâce qu'il vous aura faite en ce jour-là, le suppliant de vous être propice et [de vous] assister pendant toute votre vie, afin que vous ne puissiez jamais l'offenser. Vous rendrez aussi grâce à votre Sᵗ Ange et le prierez de ne vous abandonner.

L'Oraison étant finie, vous verrez que la splendeur disparaîtra. Alors vous sortirez de l'Oratoire, fermant la porte, et laissant les fenêtres ouvertes et la Lampe allumée. Vous retournerez comme les jours précédents à votre appartement où vous vous récréerez modestement, et mangerez votre nécessaire. Puis vous irez vous reposer jusqu'au matin suivant.

CHAPITRE QUATORZIÈME

DE LA CONVOCATION DES ESPRITS [MALINS] [69]

 UOIQUE les avis suivants soient peu nécessaires pour la plupart, puisque que je vous ai déjà manifesté tout ce qu'il faut faire, et que votre Ange Gardien vous aura assez instruit de ce que vous devez faire. Néanmoins, je vous déclarerai quelques avertissements plus pour faire l'Opération complète en ce Livre [70] et pour vous donner occasion, en les lisant plusieurs fois, de posséder

---

69   Suivant l'ordre des Opérations, nous sommes rendus aux Esprits Malins et démoniaques. Malgré certaines teintes modérées chez certains, ils demeurent principalement mauvais, diaboliques et de mauvaise nature.

70   Second Livre.

la matière afin qu'ayant la vision de l'Ange, vous vous trouviez instruit des choses essentielles.

Ayant donc reposé cette nuit, vous vous lèverez le matin avant le lever du Soleil, et entrerez dans l'Oratoire ; et ayant mis les charbons allumés dans l'Encensoir et allumé la Lampe, vous vous habillerez prenant premièrement la Veste blanche et, par-dessus, vous mettrez la Tunique de soie et or, puis la Ceinture, et mettrez la Couronne à votre tête, et poserez la Baguette sur l'Autel.

Et ayant mis du Parfum dans l'Encensoir, vous mettrez à genoux et prierez Dieu Tout-Puissant de vous accorder la Grâce de finir votre Opération à la Louange et Gloire de son Très-Saint Nom, et à l'utilité propre et celle de votre prochain. Et vous supplierez votre Ange de vous assister et de gouverner votre cœur avec son conseil, et tous vos sens. Ensuite, vous prendrez la Baguette de la main droite et prierez Dieu qu'il donne à cette Baguette autant de vertu, et de force, et de puissance qu'il en donna à celle de Moïse, et Aaron, Élie, et autres Prophètes dont le nombre est infini.

Puis mettez-vous à côté de l'Autel regardant vers la porte et la Terrasse découverte ; ou si vous êtes en campagne mettez-vous du côté du Ponant[71] et commençant par appeler les Esprits

---

71   Ancien terme désignant l'Occident, côté du Couchant.

et principaux Princes. Mais comme on doit les convoquer, votre Ange vous l'aura déjà dit et vous l'aura suffisamment imprimé dans le cœur.

Et, tant en cela qu'en l'Oraison, on ne doit procéder et agir avec la bouche seulement, ou avec des Conjurations écrites ; mais avec le cœur, et avec un courage libre et intrépide ; parce qu'il est certain qu'on a plus de difficultés à convoquer les Esprits Malins que les Bons, qui paraissent d'abord principalement lorsqu'ils sont appelés par des personnes qui ont bonne intention ; mais les Esprits Malins fuient autant qu'ils peuvent l'occasion de se soumettre à l'homme.

C'est pourquoi celui qui les veut contraindre, faut qu'il soit sur ses gardes et qu'il suive de point en point les instructions que son Ange Gardien lui aura données. Et qu'il se les imprime bien dans la mémoire, les suivant de point en point, parce que quoiqu'aucun Esprit Bon ou Mauvais ne puisse savoir les secrets de votre cœur avant que vous les mettiez en effet, si Dieu ne leur manifestait, qui seul sait toute chose, ils [les Esprits] pénètrent néanmoins [les Secrets] et connaissant [alors] ce que vous pensez par vos actions et par vos paroles.

C'est pourquoi celui qui veut dûment convoquer et conjurer les Esprits, doit auparavant bien considérer la Conjuration ; ensuite la faire avec sentiment et librement de sa tête, et point par écrit ; parce que la faisant faire par d'autres, les Esprits jugent par là de notre ignorance et se rendent plus revêches et obstinés.

Les Esprits Malins sont autour de vous, quoiqu'invisibles, et examinent si celui qui les conjure est courageux et timide, s'il est prudent, et s'il a une vraie foi en Dieu qui peut toute chose avec très peu de peine. On les peut contraindre et les faire paraître, mais peu de paroles mal prononcées par une personne mal intentionnée ne font autre effet que contre la personne qui les prononce avec ignorance ; et une personne d'un tel caractère ne doit point entreprendre cette Opération, car c'est le vrai moyen de se moquer de Dieu et de le tenter.

DES CONJURATIONS

Je vous ai répété plusieurs fois que la crainte de Dieu est la plus grande instruction de votre Ange Gardien contre laquelle vous ne devez commettre aucune faute, quoique moindre.

Premièrement, vous devez faire la Conjuration en votre langue maternelle ou avec celle que vous entendez le plus, et conjurez les Esprits par l'autorité et obéissance des Sts Patriarches, leur faisant le récit des exemples de leur ruine et de leur chute, de la sentence que Dieu a donné contre eux, et de leurs obligations à servir ; et comment de côté et d'autres ont été vaincus par les Bons Anges et par les hommes sages ; ce que vous pourrez avoir fort bien étudié pendant les 6 Lunes dans les Livres Sacrés, les menaçant aussi en cas qu'ils ne voulussent pas obéir, d'appeler à votre secours la puissance des Sts Anges sur eux.

Votre Ange Gardien vous aura aussi instruit de faire cette Convocation avec modestie, et n'être point timide, mais courageux modérément, pourtant sans trop de hardiesse et de bravoure. Et en cas qu'ils fussent résistants et qu'ils ne voulussent pas obéir, il ne faut pas pour cela vous mettre en colère, parce que vous nuiriez à vous-même et ils ne demanderaient pas mieux, étant justement ce qu'il espèrent.

Mais avec un cœur intrépide, mettant toute votre confiance en Dieu, avec tranquillité de cœur vous les exhorterez à se rendre, en leur faisant voir que vous mis toute votre confiance en Dieu Vivant et Unique, leur faisant souvenir combien il est fort et puissant. Et gouvernez-vous ainsi de prudence envers eux.

Et communiquez-leur aussi la Forme[72] en laquelle vous voulez qu'ils apparaissent, ce que vous

---

72   Ici on retrouve une clé commune aux Évocations magiques, notamment dans l'*Ars Goetia*, où le magicien évoque une Entité ou Démon, lui stipulant *d'apparaître sous une forme élégante et belle, et en aucun cas terrible, blessante, ou effrayante, paisiblement et affablement...* etc.

ne pouvez pas déterminer, ni eux-mêmes, mais vous l'aurez d'eux demandé le soir auparavant, à votre Ange Gardien, qui connaît mieux votre nature et qualité, et qui sait les formes qui peuvent vous épouvanter [73] et celles que vous pouvez supporter.

Et vous ne devez pas croire que cela se puisse faire autrement, comme l'écrivent certaines gens maudits ; c'est-à-dire avec des Sceaux, et des Conjurations, et Figures Superstitieuses, et Pentacles, et autres abominations écrites par des Enchanteurs diaboliques. Ce serait la monnaie avec lequel le Laid SATAN vous achèterait pour esclave.

Mais [que] toute votre confiance soit le Bras, la Puissance, et la Force de Dieu Tout-Puissant ; alors vous serez en toute sûreté, et la garde de votre Ange vous défendra de tous dangers. C'est pourquoi vous devez avoir bon courage et avoir confiance qu'il ne peut vous arriver aucune adversité. Observant donc la doctrine que votre Saint Ange vous aura donnée, et persévérant à mettre toute votre confiance en Dieu, finalement, ils apparaîtront en la Forme commandée sur la

---

73   Cette notion d'épouvante est très sérieuse. Certaines Entités sont si terribles à soutenir du regard qu'elles peuvent facilement induire chez le magicien un choc nerveux si violent, que ce dernier risquerait d'encourir de lourds dommages, la folie, voire même la mort.

Terrasse, sur le sable où, selon l'avis et doctrine reçus de votre Saint Ange, et comme je vous enseignerai distinctement dans le Chapitre suivant, vous proposerez votre demande et vous recevrez d'eux leur Serment.

Les Esprits qu'on doit convoquer au premier jour et qui paraissent sont les 4 Princes Supérieurs[74], les Noms desquels seront écrits au Chapitre 19, et c'est ici la Conjuration du Premier Jour.

CONJURATION DU SECOND JOUR

Le jour suivant, ayant fait son Oraison ordinaire et les susdites Cérémonies, vous répéterez brièvement la susdite Conjuration aux dits Esprits, en leur faisant souvenir de leurs promesses et Serments, faits le jour précédant, de vous envoyer les 8 Sous-Princes[75] ; et adressez la Conjuration à tous les 12 ensemble, et dans peu ils apparaîtront visiblement, les 8 Sous-Princes en la Forme qu'on leur a commandée ; et vous promettront et jureront comme sera dit plus amplement dans le

---

74   Lucifer, Léviatan, Satan, Belial.

75   Astarot, Magot, Asmodée, Belzebud, Oriens, Païmon, Ariton, Amaimon.

Chapitre suivant. Les Noms des 8 Sous-Princes sont décrits au Chapitre XIX[76] ci-après.

CONJURATION DU TROISIÈME JOUR

La Conjuration du Troisième Jour est la même que celle du 2eme Jour, puisqu'on fait souvenir aux 8 Sous-Princes de leurs promesses et Serments. On les appelle et convoque avec tous leurs adhérents. Et alors ils paraissent une autre fois en formes visibles, et toutes leurs cohortes particulières paraissent aussi invisiblement[77]. Ils sont tous autour des 8 Sous-Princes. Mais vous, invoquant Dieu votre Seigneur pour force et sûreté, et votre Saint Ange pour conseil et assistance, n'oubliez pas ce qu'il vous aura enseigné car c'est un point nécessaire.

Suit ici le 15eme Chapitre qui enseigne ce que l'on doit demander aux Esprits, divisés en trois bandes[78].

---

76   Il est écrit *Chapitre IX* dans le Manuscrit, ce qui est de tout évidence une faute non intentionnelle du copiste.

77   Il est primordial pour l'opérateur de conserver son sang-froid et de faire preuve d'un calme olympien, puisqu'il sera en présence d'un très grand nombre d'Esprits, dont une multitude ne seront pas visibles à l'œil de chair.

78   Il est plus commun de nommer ces divisions en termes de Classes d'Esprits.

CHAPITRE QUINZIÈME

CE QUE VOUS DEVEZ DEMANDER AUX ESPRITS QUI SONT DIVISÉS EN TROIS DIVERSES TROUPES, ET CONVOQUÉS EN TROIS DIVERS JOURS

ES demandes que l'on doit faire aux Esprits sont de trois sortes.

DEMANDE PREMIÈRE

La demande du Premier Jour, lorsque les 4 Princes Supérieurs auront paru visibles, vous le ferez selon l'ordre de l'Ange.

Premièrement, la proposition par quelle Vertu, Puissance, et Autorité, vous les demandez. C'est-à-dire par la Vertu de Dieu Notre-Seigneur qui les a soumis à toutes ses créatures et à vos pieds.

Secondement, que votre fin n'est point curiosité maligne, mais à l'Honneur et Gloire de Dieu, et à l'utilité propre, et à celle de tout le genre humain. Et pourtant, toutes les fois que vous les appellerez, avec soit Signe ou Parole, et en quel que soient Temps et Lieu, et pour qu'elle soit Occasion et Service, d'abord sans aucunement retarder, aient à paraître et obéissent à vos commandements. Et au cas qu'ils eussent un empêchement légitime, qu'ils aient à vous envoyer d'autres Esprits en les nommant présentement, ceux qui seront capables et puissants, pour obéir et accomplir votre volonté et votre demande en leur place. Et qu'ils vous promettent et jurent d'observer cela par le très rigoureux jugement de Dieu, et par la très grande peine et châtiment des Sts Anges sur eux.

Ils consentiront à obéir, et les 4 Princes Souverains vous nommeront les 8 Sous-Princes qu'ils vous enverront en leur place, à leur faire prêter le Serment comme je l'ai déjà dit, d'apparaître d'abord le matin suivant, étant commandés par vous, et qu'ils envoient les 8 Sous-Princes.

Pour plus de sûreté, partez de l'Autel et allez vers la porte de la Terrasse, avançant en dehors la main droite[79]. Faites toucher la Baguette à chacun d'eux et prenez Serment sur cette Baguette.

---

79   On comprendra que l'opérateur, demeurant dans l'Oratoire, ne fait que sortir la Baguette hors de sa zone de protection, au-dessus du sable de la terrasse pour y faire assermenter dessus les Esprits. Parallèlement, cela est semblable aux Évocations Goétiques, lorsque le magicien tend la Baguette au-delà du cercle magique, vers le triangle, où doivent apparaître et demeurer contraints les Esprits évoqués.

DEMANDE DU SECOND JOUR

Étant invoqués les 8 Sous-Princes, vous ferez aux mêmes la même demande et la même admonition que vous avez faite aux Quatre Princes Souverains. Et de plus, vous demanderez aux quatre, c'est-à-dire à ORIENS, PAIMON, ARITON et AMAIMON, que chacun d'eux vous assigne et consigne votre Esprit Familier, que dès le jour de votre naissance, ils sont obligés de vous donner. Ceux-ci vous seront donnés et fournis avec leurs dépendants et vous obéiront ensuite. C'est à vous de leur demander les autres Esprits que vous souhaitez avoir ; mais parce qu'ils sont un nombre infini, et l'un plus habile que l'autre au service, celui-ci pour une chose, celui-là pour une autre, vous ferez l'élection des Esprits que vous voudrez et vous mettrez dehors, sur la Terrasse, leurs Noms par écrit aux Huit Sous-Princes, et recevrez d'eux le Serment, comme vous l'avez fait avec les 4 Princes Supérieurs, que le matin suivant [ils] aient à comparaître avec tous les Esprits dont vous leur avez donné [par écrit sur] la note, et aussi vos Esprits Familiers.

DEMANDE DU TROISIÈME JOUR

Les Huit Sous-Princes ayant présenté tous les Esprits, comme vous leur avez marqué, vous commanderez que Astarot[80], avec tous ses suivants paraissent visiblement en la Forme que l'Ange vous aura prescrite ; et d'abord vous verrez une Grande Armée, et tous sous une même Forme. Vous leur proposerez la même demande que vous avez faite aux Princes, et leur ferez prêter Serment de l'observer ; c'est-à-dire que toutes les fois que vous appellerez l'un d'eux par son Nom, il paraîtra d'abord en telle Forme et Lieu qu'il vous plaira, et qu'il exécutera ponctuellement ce que vous lui ordonnerez.

Et, tous ayant juré, vous mettrez encore sur l'entrée de la porte les Signes du Troisième Livre qui appartiennent à Astarot[81] seul, et le faite jurer sur iceux, leur ordonnant[82] qu'au cas qu'il ne vous plut pas de les commander verbalement, que d'abord que vous prendrez à la main un de ces Signes et que le mouverez de sa place, l'Esprit marqué en ce Signe fasse et exécute ce que le Signe porte et que votre avertissement joint indiquera, et au cas que dans le Signe aucun d'eux ne fut nommés, que tous en général soient [alors] obligés, prompts et prêts à faire l'Opération commandée. Et si aussi, dans le temps à venir, d'autres Signes étaient faits par vous qui

---

80   Il est écrit Atarot par erreur dans le Manuscrit.

81   Atarot, idem.

82   Les Esprits subalternes d'Astarot.

n'y étaient pas alors[83], qu'ils aient à les observer
et à les exécuter encore ceux-là. Et ayant tous
juré, faite que le Prince, au nom de tous, touche
la Baguette. Ensuite, ôtez ces Signes de la porte,
appelez Magot, et après lui, Asmodée, et finalement Belzebud; et agissez avec tout ceux-là tout
de même comme vous avez fait avec Astarot. Et
tous leurs Signes étant jurés, posez-les par ordre
dans un endroit de façon que vous puissiez les
distinguer l'un de l'autre, pour quels sujets, Opérations, ou effets, [qu'ils] sont faits et à qui [ils]
appartiennent.

Cela fait, vous appellerez Astarot et Asmodée
ensemble, avec leurs serviteurs communs, et leur
proposerez leurs Signes et, les ayant fait jurer en
cette manière susdite, vous appellerez pareillement
Asmodée et Magot avec leurs serviteurs, et les ferez
jurer sur leurs Signes à la manière susdite.

Et ainsi vous observerez cette méthode avec les
4 autres Sous-Princes[84]. Mais auparavant, convo-
quez-les avec leurs serviteurs communs, et les faites jurer sur les Signes communs, puis Amaimon
et Ariton ensemble et, finalement, chacun à part
comme les premiers.

---

83   Lors du Serment des Esprits sur les Signes.
84   Ces Sous-Princes correspondent aux quatre Grands
Rois du Lemegeton, que l'on retrouve dans l'*Ars Geotia*,
savoir : *Oriens* ou Uriens; *Paimon* ou Paymon ou Paymonia;
Ariton ou Egyn; et *Amaimon* ou Amaymon.

Et ayant remis à leur place tous les Signes, demandez à chacun des 4 derniers[85] votre Esprit Familier, et faites-leur dire leurs Noms que vous écrirez d'abord, ensemble avec le temps pendant lequel ils seront obligés de vous servir. Puis, vous leur proposerez les Signes du 5ᵉᵐᵉ Chapitre du Troisième Livre et les ferez non seulement jurer sur les Signes, mais encore, chacun d'eux, que de ce temps-là en avant, observera seulement et avec diligence les Six Heures[86] destinées ; et leur ferez promettre de vous servir avec fidélité, faisant tout ce à quoi ils sont obligés et que vous leur commanderez et de ne point être, à votre égard, faux et menteurs. Et si par hasard vous donniez quelqu'un d'eux à une autre personne, qu'il lui soit aussi fidèle comme à vous-même. Et, finalement, qu'ils aient à remplir, faire, et exécuter, ce que Dieu pour leur châtiment leur a destiné pour sentence.

Vous observerez donc cette forme avec tous les Princes et jusqu'à ce que tous les Signes soient jurés avec les 4 Esprits Familiers et les autres dominants.

---

85   Les Esprits familiers provenant respectivement d'Oriens, Paimon, Ariton et Amaimon.

86   C'est-à-dire que ces quatre Esprits Familiers pourront servir, tour à tour, un quart dans une journée de 24 heures, soit une période de 6 six heures chacun.

CHAPITRE SEIZIÈME

DU RENVOI DES ESPRITS, TANT DANS LES 3 JOURS, QUE DANS LES SUIVANTS

L n'est pas nécessaire de beaucoup de Cérémonies pour renvoyer les Esprits[87], parce qu'eux-mêmes sont charmés d'être loin de vous. C'est pourquoi vous ne les congédierez pas autrement ; savoir : pendant les Trois Jours, ayant fini de par-

---

87   Hélas, cela ne saurait être tout à fait vrai. Bien que les Esprits et les Entités des basses Sphères aient de la difficulté à supporter le taux vibratoire d'un magicien consacré par la puissance divine, il demeure important, voire primordial, de toujours effectuer un Renvoi en bonne et due forme. En Magie Cérémonielle, on appelle cela *effectuer les bannissements* ou *bannir un lieu* ; c'est-à-dire exorciser et nettoyer complètement l'atmosphère vibratoire (et tout ce qui s'y trouve, Esprits compris) et de renvoyer le tout à l'Univers.

Dans certains grimoires, il est même stipulé qu'après le renvoi, le Karcist doit demeurer dans son Cercle magique pour une courte période de temps, afin de s'assurer que les Entités aient quitté les lieux.

Agir autrement serait une pure folie et vouloir s'exposer à un choc terrible. Il a été démontré que de quitter le lieu consacré (le Cercle magique ou l'Oratoire dans le cas de l'Opération d'Abramelin) avant un Renvoi convenable serait encourir un risque énorme, tant pour la santé mentale, psychique et physique et, dans les cas les plus dramatiques : la mort de l'opérateur.

ler avec les Quatre Princes Souverains, et ensuite avec les 8 Sous-Princes, et reçu leurs Serments, vous leur direz que pour le présent, ils peuvent partir aux lieux de leur destination ; et que toutes fois qu'ils seront appelés, se souviennent de leur Serment fait sur les Signes.

[Vous renverrez également] les Esprits Familiers et tous autres Esprits avec les susdites paroles.

Il est vrai qu'aux Esprits Familiers, vous [leur] direz [individuellement] qu'en telle heure qu'il est de garde, il reste auprès de vous visible ou invisible, en quelle Forme il vous plaira, pour vous servir pendant les Six Heures destinées.

CHAPITRE DIX-SEPTIÈME

CE QU'IL FAUT RÉPONDRE AUX INTERROGATIONS DES ESPRITS ET RÉSISTER À LEURS DEMANDES

AIT fort bien, le scélérat Diable, que vous ne lui êtes aucunement obligé et que vous avez commencé cette Opération sous la Grâce et Miséricorde de Dieu, et sous la protection et défense des Sts Anges. Néanmoins, il ne manquera pas de tenter la fortune, et il tâchera de vous détourner de la

Véritable Voie. Mais vous devez être constant et courageux, et ne point fléchir ni droite ni à gauche.

S'il se montre fier avec vous, rendez-lui la pareille et montrez-lui, à votre tour, votre fierté. S'il est humble, ne soyez point trop rude et sévère envers lui, mais soyez modéré en toutes choses. S'il vous demande quelque chose, vous lui répondrez selon l'instruction que l'Ange Gardien vous aura donnée ; et sachez que les 4 Princes, plus que tous les autres, vous tenteront fortement en vous disant : *Qui est celui qui t'a donné tant d'autorité ?* Vous reprochant votre hardiesse et votre présomption à les appeler, sachant combien ils sont puissants et autoritaires, [et] combien vous êtes faible et pécheur.

Ils vous reprocheront aussi vos péchés, et tâcherons principalement de discuter avec vous de votre religion et de votre foi envers Dieu. Si vous êtes Juif, ils vous diront que : *Votre foi et votre religion est réfutée de Dieu, que vous n'observez pas la Véritable Loi comme il faut.* Et que [si] vous êtes Payen, ils vous diront : *Qu'est-ce que Dieu a à faire avec toi et ses créatures, aussi puisque tu ne connais pas Dieu ?* Si vous êtes Chrétien, ils vous diront : *Qu'est-ce que vous avez à faire avec des Cérémonies Hébraïques, étant atteint d'idolâtrie et autres choses semblables ?*

Que tout cela ne vous fasse aucune peine ; répondez-leur en peu de mots et joyeusement qu'il n'appartient pas à eux de discourir de cela, et d'en dire leurs sentiments ; et que quoique vous soyez un rien et un grand pécheur, vous espérez que le vrai et unique Dieu, qui a Créé le Ciel et la Terre, et qui les a condamnés et soumis à vos pieds, vous aura pardonné vos péchés, et qu'à l'avenir, de quelque religion que vous soyez, vous ne voulez savoir, connaître, confesser, et honorer autre que le Grand Dieu Unique, Seigneur de Lumière, par la Puissance, Vertu et Autorité duquel vous les commandez à vous obéir.

Lorsque vous leur parlerez ainsi, ils chanteront autrement[88] en vous disant que si vous voulez qu'ils vous servent et soient obéissants, il faut capituler avec eux. Alors vous leur répondrez que Dieu Notre-Seigneur vous a sanctifié et condamné à me servir, et que [je] ne capitule pas avec ceux qui sont accoutumés à obéir.

Ils vous demanderont si vous voulez être promptement obéi et servi d'eux, que vous leur fassiez quelque sacrifice ou courtoisie. Vous leur direz qu'on ne fait point de sacrifice à eux, mais bien [seulement qu']au seul Dieu.

Ils vous prieront de ne point empêcher ou faire honte avec cette Sapience à leurs Dévots et Enchanteurs dans leurs Opérations et Enchantements, et vous leur expliquerez que vous êtes obligé de poursuivre les ennemis de Dieu et

---

88   Ils changeront de discours.

Seigneur, et de réprimer leur malice, de sauver et défendre votre prochain, et ceux qui sont offensés et endommagés par eux.

Et avec ces verbiages et une infinité d'autres, ils vous donneront de grands assauts, et de même se dresseront les Esprits Familiers à leur tour. Ils vous demanderont et prieront de vouloir bien leur promettre que vous ne le donnerez point à d'autres. Mais tenez ferme et ne promettez rien, ni à ceux-ci, ni aux autres; mais répondez-leur que, tout homme de bien et galant homme, est obligé d'aider et servir ses amis de toutes ses facultés, et de tout ce qu'il possède, parmi toutes lesquelles choses possédées, celle-ci doit être aussi comprise.

Lors finalement qu'ils verront avoir perdu toute espérance de vous faire prévariquer, et qu'avec leurs demandes, ils ne peuvent rien obtenir, ils se rendront et ne vous demanderont autre chose sinon que vous ne leur soyez pas trop rude en les commandant.

Vous leur répondrez que s'ils sont obéissants et prompts à vous servir, se pourrait faire que votre Ange, à l'instruction et commandement duquel vous vous gouvernez, pourrait vous commander de ne leur être pas si rigide s'ils obéissent, que vous ferez alors ce qu'il faut.

CHAPITRE DIX-HUITIÈME

COMMENT CELUI QUI DOIT OPÉRER DOIT SE COMPORTER AVEC LES ESPRITS

OUS avons déjà vu comment on doit contraindre les Esprits et ce qu'on doit leur demander, et comment on doit les renvoyer sans préjudice, comment on doit répondre à leurs demandes et apparitions.

Tout ce que je vais dire est superflu, parce qu'il est certain et véritable qu'un chacun qui aura observé avec un cœur et une ferme résolution les avis que j'ai donnés pour les Six Mois, sera enseigné avec tant de satisfaction et de clarté par son Ange Gardien, qu'il ne se présentera aucun doute qu'il ne puisse facilement éclaircir lui-même.

Nous avons donc suffisamment montré comment en tout temps, celui qui opère doit se comporter envers les Esprits ; c'est-à-dire comme le Seigneur, et non leur serviteur. Il faut pourtant en toutes choses un milieu raisonnable, parce qu'on ne traite pas avec des hommes, mais avec des Esprits, dont chacun sait plus que tout l'Univers ensemble.

Si vous faites aux Esprits quelque demande, et qu'ils vous la nient, examinez et considérez bien auparavant si cette demande est de la compétence de l'Esprit à qui vous l'imposez. Parce qu'un chacun ne sait pas toutes choses, mais ce qui appartient à l'un l'autre ne se sait pas. C'est pourquoi prenez bien garde avant que d'entreprendre à les forcer.

Si pourtant les Esprits Inférieurs sont désobéissants, vous appellerez les Supérieurs ; vous les ferez souvenir de leurs Serments qu'ils ont prêtés et du châtiment qu'ils peuvent attendre.

Et d'abord, voyant votre sévérité, ils obéiront. Mais s'ils n'obéissent pas, vous appelleriez votre Ange Gardien duquel ils sentiront fort bien le châtiment. Cependant il ne faut point user de rigueur pour avoir ce que l'on peut obtenir par douceur.

Si pendant l'Invocation ils paraissent avec tumulte et fierté[89], ne craignez rien, ni ne vous mettez pas en colère, mais faites semblant de ne vous en pas soucier. Montrez-leur seulement la Baguette consacrée, et s'ils continuent à faire tumulte, frappez deux ou trois fois sur l'Autel et tout sera paisible.

Il faut observer qu'après que vous les aurez renvoyés, et qu'ils auront disparu, vous devez prendre l'Encensoir de dessus l'Autel, en y ayant mis du Parfum, [et] l'y porter hors de l'Oratoire sur la Terrasse sur laquelle les Esprits auront

---

89   Avec insolence et défiance.

paru, et le parfumerez tout autour. Car autrement[90], les Esprits pourraient faire quelque mal aux personnes qui entreront par hasard.

Si vous voulez vous contenter des Signes qui sont dans le 3ᵉᵐᵉ Livre, vous pourrez, le jour suivant, ôtez tout le sable de la Terrasse et le jeter dans un lieu secret; mais surtout prenez garde de ne le point faire jeter dans une rivière ou dans la mer navigable.

Mais si vous voulez vous procurer plusieurs autres Signes et Secrets, laissez le sable et toutes choses en leur place et comme nous le dirons plus particulièrement au dernier Chapitre.

Et voulant vous pourrez conserver ainsi, et tenir propre et net, l'appartement de l'Oratoire avec l'Autel que vous pouvez mettre dans un coin, s'il vous incommodait au milieu, parce que dans cet appartement, s'il n'est point contaminé ou profané, vous pouvez tous les Samedis jouir de la présence de votre Ange Gardien, ce qui est tout ce que vous pouvez souhaiter de plus en cet Art Sacré.

---

90   Le fait de parfumer la terrasse utilise l'action magique de l'encens, laquelle sert à augmenter le taux vibratoire du lieu. Cette fumigation d'exorcisme agit comme technique de renvoi et de bannissement des Esprits. Le bienfait de la fumigation, c'est qu'elle agit indépendamment, que l'opérateur soit conscient on non de son action.

CHAPITRE DIX-NEUVIÈME

DESCRIPTION DES NOMS DES ESPRITS QU'ON PEUT APPELER POUR AVOIR CE QUE L'ON DÉSIRE

E ferai ici une très exacte description de plusieurs Esprits, lesquels tous ou en partie, ou autant d'iceux que vous voudrez, vous devez [les] donner écrits sur du papier aux Huit Sous-Princes, le Second Jour de la Conjuration. Et tous ceux qui [seront] ceux qui paraîtront le 3ᵉᵐᵉ Jour, ensemble avec leurs Princes ; non vils, bas, et communs ; mais des plus principaux, industrieux, très prompts à une infinité de choses. Les Noms [des Esprits] desquels ont été manifestés et découverts par les Anges, et en voulant davantage, l'Ange vous les augmentera du nombre que vous voudrez ; ce nombre en étant infini.

Les Quatre Princes et Esprits Supérieurs sont :

LUCIFER, LEVIATAN, SATAN, BELIAL.

Les Huit Sous-Princes sont :

ASTAROT, MAGOT, ASMODÉE, BELZEBUD
ORIENS, PAÏMON, ARITON, AMAIMON.

Les Esprits communs des 4 Sous-Princes, savoir :

ORIENS, PAÏMON, ARITON, AMAIMON.

sont :

HOSEN	SARAPH	PROXOSOS	HABHI
ACUAR	TIRANA	ALLUPH	NERCAMAY
NILEN	MOREL	TRACI	ENAÏA·
MULACH	MALUTENS	IPARKAS	NUDITON
MELNA	MELHAER	RUACH	APOLHUN
SCHABUACH	MERMO	MELAMUD	POTER
SCHED	EKDULON	MANTIENS	OBEDAMA
SACHIEL	MOSCHEL	PEREUCH	DECCAL
ASPERIM	KATINI	TORFORA	BADAD
COELEN	CHUSCHI	TASMA	PACHID
PAREK	RACHIAR	NOGAR	ADON
TRAPIS	NAGID	ETHANIM	PATID
PAREHT	EMPHASTISON	PARASEH	GEREVIL
ELMIS	ASMIEL	IRMINON	ASTUREL
NUTHON	LOMIOL	IMINK	PLIROK

TAGNON	PARMATUS	IARESIN	GORILON
LIRION	PLEGIT	OGILEN	TARADOS
LOSIMON	RAGARAS	IGILON	GOSEGAS
ASTREGA	PARUSUR	IGIS	AHEROM
IGARAK	GELOMA	KILIK	REMORON
EKALIKE	ISEKEL	ELZEGAN	IPAKOL
HARIL	KADOLON	IOGION	ZARAGIL
IRRORON	ILAGAS	BALALOS	OROIA
LAGASUF	ALAGAS	ALPAS	SOTERION
ROMAGES	PROMAKOS	METAFEL	DARASCON
KELEN	ERENUTES	NAJIN	TULOT
PLATIEN	ATLOTON	AFARORP	MORILEN
RAMARATZ	NOGEN	MOLIN	

Ceux-ci sont les Esprits communs d'ASTAROT et d'ASMODÉE :

AMANIEL	ORINEL	TIMIRA	DRAMAS
AMALIN	KIRIK	BUBANA	BUK
RANER	SEMLIN	AMBOLIN	ABUTES
EXTERON,	LABOUX	CORCARON	ETHAN
TARET	TABLAT[91]	BURIUL	OMAN
CARASCH	DIMURGOS	ROGGIOL	LORIOL
ISIGI	DIORON[92]	DAROKIN	HORANAR
ABAHIN	GOLEG	GUAGAMON	LAGINX
ETALIZ	AGEI	LEMEL	UDAMAN
BIALOT	GAGALOS	RAGALIM	FINAXOS

---

91   Mathers indique *Dablat*.
92   Mathers indique *Tioron*.

AKANEF	OMAGES	AGRAX	SAGARES
AFRAY	UGALES	HERMIALA	HALIGAX
GUGONIX	OPILM	DAGULER	PACHEI
NIMALON			

Ceux-ci sont les Esprits communs
d'AMAIMON [93] et ARITON :

HAUGES	AGIBOL	RIGOLEN	GRASEMIN
ELAFON	TRISAGA	GAGALIN	CLERACA
ELATON	PAFESLA		

Ceux-ci sont les Esprits communs entre
ASMODÉE [et] MAGOT :

TOUN	MAGOG	DIOPOS	DISOLEL
BIRIEL	SIFON	KELE	MAGIROS
SARTABAKIM	LUNDO	SOBE	INOKOS
MABAKIEL	APOT	OPUN	

Les suivants sont d'ASTAROT :

AMAN	CAMAL	TOXAI	KATARON
RAX	GONOGIN	SCHELAGON	GINAR
ISIAMON	BAHAL	DAREK	ISCHIGAS
GOLEN	GROMENIS	RIGIOS	NIMERIX
HERG	ARGILON	OKIRI	FAGANI

---

93   AMAINON dans le Manuscrit.

HIPOLOS	ILESON	CAMONIX	BAFAMAL
ALAN	APORMENOS	OMBALAT	QUARTAS
UGIRPEN	ARAEX	LEPACA	KOLOFE

Les suivants sont de MAGOT et KORÉ :

NACHERAN	KATOLIN	LUESAF	MASAUB
URIGO	FATURAB	FERSEBUS	BARUEL
UBARIN	BUTARAB	ISCHIRON	ODAX
ROLER	AROTOR	HEMIS	ARPIRON
ARRABIN	SUPIPAS	FORTESON	DULID
SORRIOLENEN	MEGALAK	ANAGOTOS	SIKASTIN
PETUNOF	MANTAN	MEKLBOC	TIGRAFON
TAGORA	DEBAM	TIRAIM	IRIX
MADAIL	ABAGIRON	PANDOLI	NENISEM
COBEL	SOBEL	LABONETON	ARIOTH
MARAG	KAMUSIL	KAITAR	SCHARAK
MAISADUL	AGILAS	KOLAM	KILIGIL
CORODON	HEPOGON	DAGLAS	HAGION
EGAKIREH	PARAMOR	OLISERMON	RIMOG
HORMINOS	HAGOG	MIMOSA	AMCHISON
ILARAX	MAKALOS	LOCATER	COLVAM
BATTERNIS			

Ceux d'ASMODÉE sont :

ONEI	ORMION	PRECHES	MAGGID
SCLAVAK	MEBBESSER	BACARON	HOLBA
HIFARION	GILARION	ENIURI	ABADIR
SBARIONAT	UTIFA	OMET	SARRA

Ceux-ci sont de BELZEBUD :

ALCANOR	AMATIA	BILIFARES	LAMARION
DIRALISEN	LICANEN	DIMIRAG	ELPONEN
ERGAMEN	GOTIFAN	NIMORUP	CARELENA
LAMALON	IGURIM	AKIUM	DORAK
TACHAN	IKONOK	KEMAL	BILICO
TROMES	BALFORI	AROLEN,	LIROCHI
NOMINON	IAMAI	AROGOR	HOLASTRI
HACAMULI	SAMALO	PLISON	RADERAF
BOROL	SOROSMA[94]	CORILON	GRAMON
MAGALAST	ZAGALO	PELLIPIS	NATALIS
NAMIROS	ADIRAEL	KABADA	KIPOKIS
ORGOSIL	ARCON	AMBOLON	LAMOLON
BILIFOR			

Ceux-ci sont d'ORIENS :

SARISEL	GASARON	SOROSMA[95]	TURITEL
BALAKEN	GAGISON	MAFALAC	AGAB

Ceux-ci sont de PAIMON :

AGLAFOS	AGAFALI	DISON	ACHANIEL
SUDORON	KABERSA	EBARON	ZALANES
UGOLA	CAME	ROFFLES	MENOLIK
TACAROS	ASTOLIT	RUKUM	

---

94   Même Nom sous Oriens.

95   Même Nom sous Belzedub.

Ceux-ci sont d'ARITON :

ANADER	EKOROK	SIBOLAS	SARIS
SEKABIN	CAROMOS	ROSARAN	SAPASON
NOTISER	FLAXON	HAROMBRUB	MEGALOSIN
MILIOM	ILEMLIS	GALAK	ANDROCOS
MARANTON	CARON	REGINON	ELERION
SERMEOT	IRMENOS		

Ceux-ci sont d'AMAIMON :

ROMEROC	RAMISON	SCRILIS	BURIOL
TARALIM	BURASEN	AKESOLI	EREKIA
ILLIRIKIM	LABISI	AKOROS	MAMES
GLESI	VISION	EFFRIGIS	APELKI
DALEP	DRESOP	HERGOTIS	NILIMA

Infinis sont les Esprits que j'aurais pu mettre ici, mais pour ne pas faire une confusion, j'ai voulu mettre seulement ceux dont je me suis servi et que j'ai trouvé bons et fidèles en toutes les Opérations auxquelles je m'en suis servi. Il est vrai que celui qui fera cette Opération pourra ensuite, selon le besoin, en obtenir davantage.

CHAPITRE VINGTIÈME

COMMENT ON DOIT MANIER LES OPÉRATIONS

A susdite Opération étant finie, il est nécessaire pour rendre complète cette instruction de dire comment on doit manier les Opérations que celui qui opère souhaitera mettre en pratique.

Premièrement, étant parvenu à ce terme, ayant obtenu tout ce qu'il faut, vous ne pourrez pas suffisamment louer est magnifier Dieu et son Très-Saint Nom, quoique vous eussiez mille langues ; ni même honoré et remercié votre Ange Gardien comme il en est digne. Pourtant vous devez rendre des grâces proportionnées à votre état et aux Grands Trésors que vous avez reçus. Il faut pourtant que vous sachiez comment vous devez jouir de ces richesses immenses afin qu'elles ne vous soient point infructueuses, et même pernicieuses.

Parce que cet Art est comme une épée dans votre main, pouvant vous en servir à toutes sortes de maux et offenser votre prochain. Mais en la mettant en usage pour cette seule fin pour laquelle elle est faite, c'est-à-dire pour vaincre avec icelle le Démon est les Ennemis, alors vous en userez bien pour cela. Je veux encore vous donner quelques instructions sur quelques points nécessaires et principaux.

L'Opération des Esprits étant finie, vous continuerez une semaine entière à louer Dieu ; et pour ce qui regarde votre personne, vous ne ferez aucune œuvre servile pendant les Sept Jours, ni aucune Convocation des Esprits en général, ni des Familiers. Et ensuite, les Sept Jours étant passés, vous commencerez à exercer votre pouvoir comme sera dit ci-après.

1^{emt} Gardez-vous sur toutes choses de ne faire aucune Opération Magique ou Invocation des Esprits le Jour du Sabbat, pendant tout le temps de votre vie, parce que ce jour-là est consacré à Dieu, et le jour auquel vous devez vous reposer et sanctifié et vous devez le solenniser par des Oraisons.

2^{emt} Gardez-vous, comme du Feu Éternel, de manifester à aucun vivant ce que votre Ange Gardien vous aura confié ; excepté à celui qui vous aura donné l'Opération, auquel vous avez quasi plus d'obligations qu'à votre père.

3^{emt} Tâchez le plus que vous pourrez de ne point vous servir de cet Art contre votre prochain ; excepté pour une juste vengeance. Quoique je vous conseille d'imiter en cela Dieu qui pardonne même à vous, et il n'y a pas au monde une action plus méritoire que de pardonner.

4^emt Au cas que votre Ange vous dissuadât de quelques Opérations en vous défendant de la faire, gardez-vous bien de vous obstiner, car vous vous y repentiriez et à jamais.

5^emt Fuyez toutes sortes de Sciences, Magies et Enchantements, parce que ce sont toutes des Inventions diaboliques ; et n'ajoutez point de foi aux livres qui les enseignent, quoiqu'en apparence vous paraissent bons, car ce sont des filets que vous tend le perfide BELIAL.

6^ement Ne vous servez pas, en parlant aux Esprits Bons ou Mauvais, de parole que vous n'entendez pas, parce que vous en auriez de la honte et du dommage.

7^ement Vous ne demanderez jamais à votre Ange Gardien aucun Signe pour opérer en Mal, parce que vous l'offenseriez. Vous aurez que trop de gens qui vous en prieront ; gardez-vous bien de vous en servir.

8^ement Accoutumez-vous le plus qu'il vous sera possible à la pureté du corps et à la propreté des habits, parce que cela est très nécessaire. Les Esprits Bons et Mauvais aiment la pureté.

9^ement Fuyez autant que vous pourrez de vous servir de votre Sapience pour d'autres en choses malignes ; mais considérez bien auparavant celui à qui vous rendez service. Parce qu'il arrive très souvent que pour rendre service à d'autres, on se procure du mal à soi-même.

10ement Ne procurez point l'Opération des Sts Anges si vous n'en avez un extrême besoin, parce que les Sts Anges sont si forts au-dessus de vous qu'il est impossible de vouloir vous comparer à eux, vous [qui n']étant rien en comparaison d'eux qui sont des Anges de Dieu.

11ement [Si] les Opérations peuvent se faire par les Esprits Familiers, il n'en est pas nécessaire d'autres pour cela.

12ement Quoique vous puissiez faire, vous pouvez vous servir de vos Esprits Familiers pour nuire à votre prochain. Tâchez de vous en abstenir, à moins que ce ne fût pour réprimer l'insolence de ceux qui attenteraient à votre propre personne. Ne les tenez jamais oisifs. Et voulant en donner [à] quelqu'un, tâchez que la personne à qui vous le donnez soit distinguée de mérite, car ils [les Esprits] n'aiment pas à servir des gens de basse condition et du commun. Mais si la personne à qui vous les donnez eut quelque Pacte exprès, en tel cas les Esprits Familiers s'envolent et se précipitent.

13^ement Les Trois Livres de la présente Opération doivent être lus et relus une infinité de fois, de sorte que dans l'espace de Six Mois avant de commencer, celui qui opère en doit être pleinement instruit et informé. [Et si] n'étant pas Juif, il doit aussi être instruit de plusieurs coutumes et cérémonies d'iceux que l'Opération demande, comme pour vous accoutumer à la retraite qui est si nécessaire et utile.

14^ement Celui qui fera cette Opération, si pendant les Six Mois ou Lunes commettra volontairement quelques péchés mortels prohibés par les Tables de la Loi, soit certain qu'il ne recevra point cette Sapience.

15^ement Le dormir pendant le jour est tout à fait défendu, à moins qu'il ne le fallut, ou par quelque infirmité ou vieillesse, ou par débilité de complexion, parce que Dieu veut toujours user d'humanité envers les hommes à cause de leurs infirmités.

16^ement Si vous n'avez pas intention de continuer l'Opération, je vous conseille de ne la point commencer. Parce que le Seigneur ne veux point être bafoué et il châtie de maladie corporelle ceux qui se moquent de lui. Mais celui qui est empêché de continuer par quelqu'accident imprévu ne pêche point.

17ement Il est impossible à celui qui passé 50 ans de son âge qu'il puisse entreprendre cette Opération. Ainsi se faisait dans la véritable et ancienne Loi Juive du Sacerdoce[96]. Et il ne faut pas non plus avoir moins de 25 ans.

18ement Vous ne permettrez pas aux Esprits Familiers de se trop familiariser avec vous en discutant avec eux ; parce qu'ils proposent tant d'affaires et de matières à la fois qu'ils confondent et troublent l'esprit.

19ement Avec les Esprits Familiers vous ne vous servez pas des Signes du 3eme Livre, sinon de ceux du Chapitre 5eme. Mais si vous voulez quelque chose [d'eux], commandez-les de vive voix. Ne commencez point plusieurs Opérations à la fois et dans un même temps. Mais ayant fini une, commencez l'autre jusqu'à ce que vous soyez bien au fait de la pratique ; parce qu'un artiste apprenti ne devient pas maître tout d'un coup, mais peu à peu.

20ement Sans une cause de la dernière importance, il ne faut jamais appeler aucun des 4 Prin-

---

96   Ainsi se faisait *anciennement*. Je crois fortement qu'un mage bien entraîné, peu importe son âge (ou son sexe d'ailleurs), serait en mesure de mener cette Opération à terme.

ces Supérieurs ou des Huit Sous-Princes, parce qu'il faut les distinguer des autres.

21[ement] En opérant, le moins que vous pourrez, vous ferez paraître les Esprits visiblement pour mieux faire ; parce qu'il vous doit suffire qu'ils vous disent et fassent ce que vous voudrez[97].

22[ement] Toutes les Oraisons, les Invocations et Conjurations, finalement tout ce que vous direz, vous le prononcerez à haute voix, clairement, sans pourtant crier comme un fou, parlant naturellement et prononçant distinctement.

23[ement] Pendant les 6 Lunes, vous balayerez l'Oratoire toutes les veilles du Sabbat et le tiendrez fort propre, car c'est un lieu destiné aux Anges Saints et purs.

---

97   Cette formulation signifie que l'opérateur peut appeler les Esprits pour faire accomplir sa volonté et qu'il devrait, autant que possible, éviter inutilement d'exiger que ces derniers se manifestent sous une forme visible. En ce sens qu'il vaut mieux commander et conjurer les Esprits par le moyen des Signes et s'en tenir là. L'une des raisons, c'est qu'il est laborieux pour les Esprits de se créer un corps physique à partir des particules ambiantes et celles de l'encens. C'est somme toute un travail épuisant qui demande maintes réitérations des conjurations jusqu'à l'obtention du résultat qui, au final est facultatif, puisque l'Entité pourrait être facilement perçue par clairvoyance.

24[ement] Gardez-vous bien de commencer aucune Opération de nuit, étant d'importance, à moins que le besoin ne fût pressant.

25[ement] Pendant toute votre vie, votre unique but doit être de fuir, autant qu'il vous sera possible, la vie déréglée et principalement le vice de crapule[98].

26[ement] Ayant fini l'Opération, étant possesseur de la Véritable Sapience, vous jeûnerez trois jours avant de commencer à la mettre en pratique.

27[ement] Tous les ans, vous devrez faire commémoration du bienfait si signalé que le Seigneur vous a fait, à un tel temps festoyant, priant, et honorant ce jour-là votre Ange Gardien de toutes vos forces.

28[ement] Pour les trois jours que vous contraindrez les Esprits, vous jeûnerez, par qu'autre que cela est essentiel, devant travailler vous vous trouverez plus libre et plus tranquille de corps et d'esprit.

29[ement] Notez que les jeûnes s'entendent toujours de la première Étoile nocturne, et non autrement.

---

98   Les vices crapuleux, les péchés.

30^ement Tenez pour un précepte indubitable de ne point donner cette Opération à un Monarque parce que SALOMON fut le premier qui en abusa. Et si vous faisiez le contraire, vous perdriez, vous et vos successeurs ainsi, la Grâce du Commandement [des Esprits]. Moi-même ayant été recherché par l'Empereur SIGISMOND, je lui donnai volontiers le meilleur Esprit Familier que j'eusse, mais je lui refusai de lui donner l'Opération. Et on ne doit point la donner à des Empereurs ni Rois ou autres Souverains.

31^ement Vous pouvez bien la donner, mais il n'est pas permis de la vendre, car ce serait abuser de la Grâce du Seigneur qui vous l'a donné, et faisant le contraire, vous perdriez le Commandement.

32^ement Faisant l'Opération dans une ville, vous prendrez une maison qui ne soit point sujette à la vue de personne ; parce qu'aujourd'hui la curiosité est si grande [99] qu'il faut se tenir sur ses gardes et faut qu'il y ait un jardin pour se promener.

33^ement Prenez garde pendant les Six Lunes ou Mois de ne point perdre de sang de votre corps, excepté celui que la vertu expulsive pourrait chasser de soi-même.

---

99   Comme quoi il y a de ces comportements humains qui ne changent pas, même près de 600 ans plus tard.

34^{ement} Finalement, tout ce temps-là, vous ne toucherez à aucun corps mort de quelle que ce soit sorte.

35^{ement} Vous ne mangerez point de viande ni de sang de quelque soit animal mort pendant tout ce temps-là. Vous ferez cela pour un singulier respect[100].

36^{ement} Vous ferez prêter serment à celui à qui vous donnerez l'Opération de ne pouvoir pas la vendre, ni la donner à aucun athéiste ou blasphémateur avéré de Dieu.

37^{ement} Vous jeûnerez trois jours avant de la donner, et celui qui l'a recevra fera la même chose ; lequel vous consignera en même temps dix florins d'or, ou leur valeur, que vous devez de votre propre main distribuer aux pauvres, lesquels vous chargerez de dire les Psaumes *Miserere Mei Deus* &c. et le *De Profundis* &c.

38^{ement} Il serait très à propos pour faciliter l'Opération de dire tous les Psaumes de David,

---

100   Il n'est pas indiqué exactement si cette privation est par respect envers Dieu ou, plus particulièrement, par protection dans le cas d'une œuvre menée par les Esprits démoniaques contre l'opérateur, sachant qu'il est possible d'utiliser le sang à des fins extrêmement maléfiques.

parce qu'ils renferment de grandes vertus et grâces, et les dire au moins 2 fois la semaine. Vous fuirez le jeu comme la peste, parce qu'il occasionne toujours du blasphème. Outre que dans ce temps-là, le véritable jeu est l'Oraison et la lecture des Livres Sacrés.

Les avis, et une infinité d'autres que vous recevrez de votre Ange Gardien, j'ai les ai mis ici afin qu'en les observant parfaitement, sans manquer à la moindre chose, vous en sentiez l'utilité à la fin de l'Opération. Maintenant, je vous donnerai une information distincte et suffisante, comme[nt] vous devez vous servir des Signes[101] et comment vous vous y prendrez pour en acquérir d'autres.

Vous devez donc savoir que celui qui opère, ayant le pouvoir, il n'est pas nécessaire de se servir des Signes écrits, mais il suffit de nommer de vive voix le Nom de l'Esprit et la Forme en laquelle vous voulez qu'il paraisse visiblement ; parce qu'ayant prêté Serment, cela suffit. Ces Signes sont faits pour vous en servir lorsque vous êtes en compagnie [d'autres personnes]. Et faut les avoir

---

101   Les Signes du Troisième Livre.

sur vous afin qu'en les touchant ou maniant sim-plement, ils[102] sachent dire votre volonté.

D'abord celui à qui appartient le Signe sert ponctuellement. Mais si vous vouliez quelque chose particulière, qui ne fût point jointe ou nom-mée dans le Signe, il faut le signifier au moins en disant en deux ou trois mots la volonté. Et faut observer ici que, vous usant de prudence, pour-rez souvent raisonner avec ceux qui sont avec vous, de sorte que les Esprits étant pourtant in-voqués, entendront ce qu'ils devront faire. Mais il est nécessaire de leur découvrir votre intention par des paroles, parce qu'ils sont d'une si haute intelligence que d'une seule parole ou d'un seul motif, en tirent la construction[103]. Et quoi qu'ils ne puissent pas pénétrer l'intérieur de l'esprit hu-main, néanmoins par leur astuce et subtilité, ils sont si adroits qu'ils comprennent par les signes perceptibles la volonté de l'homme.

Mais lorsqu'il s'agit des choses graves et im-portantes, vous devez vous retirer dans un lieu secret, car tout lieu est bon pour invoquer les Esprits propres à l'Opération que vous voudrez faire. Et leur donner la commission de ce que vous voudrez faire, et leur donner la commis-

---

102   Les Esprits correspondant aux Signes.

103   D'une seule parole ou d'une seule intention, les Esprits comprennent l'entièreté du pourquoi ils sont in-voqués.

sion de ce que vous voudrez qu'ils fassent alors où dans les jours suivants, leur donnant le mot, par parole ou autre signe qu'il vous plaira leur donner, quand vous voudrez qu'ils commencent à opérer. Ainsi faisait ABRAMELIN dans l'Égypte, JOSEPH à Paris, et moi-même, j'ai toujours fait de même. Et je me suis fait un très grand honneur, et principalement [celui] de servir des Princes et grands Seigneurs.

Quelles Opérations appartiennent à cet Esprit ou à cet autre, je te dirai distinctement ci-après et comment il faut s'y prendre.

Maintenant, je vous enseignerai comment tous ceux qui sont dans ce Livre, comme les autres que vous recevrez des Esprits, doivent s'écrire et acquérir. Parce que le nombre des Opérations est infini et serait impossible de les mettre dans ce Livre. Si donc vous voulez faire quelques Opérations nouvelles par un Signe qui ne fut point écrit au 3ᵉᵐᵉ Livre (j'entends des Opérations bonnes et permises), vous le demanderez à votre Ange Gardien en cette manière :

Jeûnez le jour d'auparavant. Et le matin suivant, vous étant en bien lavé, entrez dans l'Oratoire. Mettez la Chemise blanche, allumez la Lampe, et mettez-le Parfum dans l'Encensoir. Puis mettez la Plaque d'argent sur l'Autel, dont les deux angles seront touchés avec l'Huile Ste. Mettez-vous à genoux et faites votre Oraison au Seigneur, lui rendant grâce des bienfaits que vous recevez généralement de lui.

Puis vous le supplierez de vouloir vous accorder votre Saint Ange afin qu'il vous instruise dans votre ignorance, et qu'il daigne vous accorder votre demande. Ensuite, invoquez votre St Ange Gardien, et priez qu'il veuille vous favoriser de sa vision, et vous instruire comme vous devez figurer et préparer le Signe de cette Opération.

Et vous resterez dans l'Oraison[104] jusqu'à ce que vous voyez paraître dans l'appartement la splendeur de votre Ange. Et alors, attendez s'il vous dit ou commande quelque chose touchant la forme du Signe demandé. Et ayant fini votre supplication, dressez-vous et allez vers la Plaque d'argent, sur laquelle vous trouverez écrit en guise de rosée ou sueur, le Signe comme vous devez le faire, avec le Nom de l'Esprit qui doit vous servir pour cette Opération ou celui de son Prince. Et sans toucher ni mouvoir la Planche, copiez d'abord le Signe tel qu'il est, et laissez la Planche sur l'Autel jusqu'au soir, auquel temps après avoir fait votre Oraison ordinaire et rendu vos actions de grâces, vous la mettrez dans un morceau d'étoffe de soie propre[105].

---

104   Vous continuerez à prier.
105   La couleur n'étant pas précisée, de la soie blanche serait parfaitement appropriée.

Le jour le plus commode pour se procurer les Signes c'est le Jour du Sabbat; parce que par une telle Opération, on ne viole point ce jour et on ne le gâte aucunement. Et l'on peut préparer, le jour précédent, toutes les choses nécessaires. Mais si l'Ange ne paraissait point et ne vous enseigne point le Signe, alors soyez sûr que la prétendue Opération, quoiqu'elle vous paraisse bonne, n'est pas tenue pour tel de Dieu et de votre Ange Gardien et en tel cas vous demanderez autre chose.

[Et] (ou) les Signes pour les Opérations Mauvaises, vous les obtiendrez plus facilement. Puis [considérant] qu'après le Parfum, il n'y a pas autre chose à faire que votre Oraison. Puis étant habillé avec la Chemise blanche, vous mettrez par-dessus la Veste de soie et la Ceinture, ensuite la Couronne, prenant la Baguette et vous mettant du côté de l'Autel [face] vers la Terrasse. Prenant la Baguette en main, conjurez en la même manière que vous avez faite au Second Jour. Et lorsqu'ils auront paru, vous leur ordonnerez de ne point partir jusqu'à ce qu'ils vous aient manifesté le Signe de l'Opération que vous souhaitez, avec les Noms des Esprits capables de la mettre en exécution, et avec leurs Signes. Et d'abord vous verrez les Princes auxquels appartient cette Opération avouer, écrire, et signer sur le sable le Signe avec le Nom de l'Esprit qui devra servir dans cette Opération. Alors vous prendrez la Sûreté et le Serment du Prince par le Signe, et de son Ministre, comme vous avez fait ci-dessus au Chapitre 14 [106].

Et s'ils faisaient plusieurs Signes, faites-leur prêter Serment sur tout. Cela fait, vous pourrez les renvoyer en la manière que nous avons déjà dite, prenant auparavant la copie du Signe qu'ils auront fait [tracé] sur le sable, parce qu'en partant, ils le gâtent. Étant partis, prenez l'Encensoir et parfumez l'endroit comme [ci-]dessus [107].

Je n'écris pourtant pas cela afin que tu te procures de telles choses ; comme aussi les Signes décrits au Troisième Livre pour le Mal. Je ne les ai pas mis pour cela, mais seulement pour vous faire connaître la perfection de cet Art et ce qu'on peut opérer avec icelui. Parce que les Esprits Malins sont très prompts et très obéissants à faire le Mal ; serait à souhaiter qu'ils le fussent aussi bien pour [accomplir] le Bien. Pourtant, il faut vous tenir sur vos gardes et vous souvenir qu'il [n']y a [qu']un Dieu.

Pour écrire les susdits Signes, il ne faut pas de préparation particulière, de plume, d'encre, de papier, ni élection de jours particuliers, ni autres circonstances que les faux Magiciens et

---

106   Second Livre, Chapitre XIV : De la Convocation des Esprits Malins. En faisant toucher et prendre Serment sur la Baguette.

107   Exorcisez complètement le lieu de l'évocation.

Enchanteurs du Diable font affaire. Il suffit qu'ils soient bien écrits avec quels que soient encre et plume, pourvu que l'on puisse discerner à quelle Opération appartient chaque Signe, ce que vous pouvez fort bien faire avec un registre dressé dans les formes. Mais la plus grande partie des Signes du 3ᵉᵐᵉ Livre, je vous conseille de les faire avant de commencer l'Opération, les conservant jusqu'à son temps dans l'Armoire de l'Autel. Et après que les Esprits auront prêté leur Serment dessus, on les gardera dans un endroit où ils ne puissent être touchés ni vus d'aucune autre personne, parce qu'il lui arriverait un très grand dommage[108].

Maintenant nous ferons une déclaration : quels Signes sont manifestés par l'Ange Bon[109] et quels sont manifestés par les Mauvais, et à quel Prince chaque Opération est soumise et, finalement, ce que l'on doit observer à chaque Signe.

---

108   Effectivement, les Signes étant consacrés pour l'usage personnel de l'opérateur (et qui plus est jurés par les Esprits démoniaques), ne doivent jamais être découverts ni profanés par une tierce personne. Non seulement cela s'avérerait hasardeux pour la personne impliquée, mais un nouveau Signe aurait à être préparé et consacré, en reprenant toute l'Opération.

109   L'Ange Gardien, mais aussi tous les autres Esprits de nature bienveillante.

[PAR QUELS ESPRITS SONT MANIFESTÉS LES SIGNES DES CHAPITRES DU TROISIÈME LIVRE] [110]

I.   Pour découvrir toutes sortes de choses.

II.   Pour avoir [des] informations et être éclairci dans toutes sortes de propositions et toutes sciences douteuses.

III.   Pour faire paraître quelque soit Esprit et lui faire prendre diverses formes d'homme, d'animal, d'oiseau, &c.

IV.   Pour diverses visions.

V.   Comment on peut tenir les Esprits Familiers fermes ou libres, en quelque ce soit forme.

VI.   Pour faire montrer et expédier toutes sortes d'ouvrages de mines.

VII.   Pour faire faire à l'Esprit tous les travaux et opérations chimiques avec facilité et promptement pour les métaux.

VIII.   Pour exciter les tempêtes.

IX.   Pour transformer les animaux en hommes, et les hommes en animaux.

X.   Pour empêcher toutes les Opérations de Nécromancie et de Magie de n'avoir aucun effet, excepté les Opérations de la Cabale et de cette Magie Sacrée.

---

110   L'énumération des Chapitres étant peu distinctive à elle seule, j'ai ajouté ici la liste complète desdits Chapitres et de leurs Opérations magiques pour référence rapide.

XI.   Pour faire apporter toutes sortes de livres perdus ou volés.

XII.   Pour savoir les secrets d'une personne.

XIII.   Pour faire qu'un corps mort ressuscite et fasse les Opérations que ferait l'homme étant vivant, et cela pendant sept ans, par le moyen de l'Esprit.

XIV.   Des douze signes, pour les douze heures du jour et de la nuit, pour se rendre invisible à tout le monde.

XV.   Pour que les Esprits nous apportent à boire et à manger tout ce que l'on peut souhaiter, et même tout ce que nous pouvons imaginer.

XVI.   Pour trouver et prendre tous trésors pourvu qu'ils ne soient point gardés.

XVII.   Pour voler dans l'air et aller partout.

XVIII.   Pour guérir diverses maladies.

XIX.   Pour toute sorte d'affection et d'amour.

XX.   Pour exciter toutes sortes de haines, d'inimitiés, des discordes, des querelles, des contestations, de combats, de batailles, de pertes, de dommages.

XXI.   Pour se transformer et prendre diverses figures et formes.

XXII.   Ce Chapitre n'est que pour le Mal, car on peut ensorceler avec les Signes suivants et faire toutes sortes de maux. On ne doit point s'en servir.

XXIII.   Pour démolir les édifices et châteaux.

XXIV.   Pour découvrir les vols faits.

XXV.   Pour marcher et opérer sous l'eau.
XVI.   Pour ouvrir toutes sortes de serrures sans clef
           et sans faire de bruit.
XVII.   Pour faire paraître des visions.
XVIII.   Pour avoir autant d'or et d'argent que l'on
           veut pour pourvoir à ses besoins et vivre dans
           l'opulence.
XXIX.   Pour faire paraître des gens armés.
XXX.   Pour faire paraître des comédies, opéras, et
           toutes sortes de musique et bals.

Les Signes des Chapitres du 3eme Livre qui sont manifestés seulement par les Anges ou par l'Ange Gardien sont ceux-ci, savoir :

1 · 3 · 4 · 5 · 6 · 7 · 10 · 11 · 16 · 18 · 25 · 28

Les suivants sont manifestés en partie par les Anges, en partie par les Esprits Malins. C'est pourquoi il ne faut point sans [s'en] servir [sans] la *la* [*sic*] permission du St Ange, et sont :

2 · 8 · 12 · 13 · 14 · 15 · 17 · 19 · 20 · 24 · 26 · 29

Les suivants sont manifestés seulement par les Esprits Malins, savoir :

9 · 21 · 22 · 23 · 27 · 30

À QUEL PRINCE EST SOUMISE L'OPÉRATION DE CHAQUE CHAPITRE

ASTAROT et ASMODÉE ensemble exécutent les Signes et Opérations des Chapitres 6 · 7 et 9.

ASMODÉE et MAGOT ensemble exécutent les Opérations du Chapitre 15.

ASTAROT et ARITON tous les deux ensemble exécutent le Chapitre 16 par leurs Ministres, non ensemble, mais chacun séparément.

ORIENS, PAIMON, ARITON, et AMAIMON exécuteront par moyen de leurs Ministres communs les suivants, savoir :
1 · 2 · 3 · 4 · 5 · 13 · 17 · 27 et 29.

AMAIMON et ARITON ensemble le Chapitre 26.

ORIENS fait seul le 28.

PAIMON fait le Chapitre 29.

ARITON le 24.

AMAIMON le 18.

ASTAROT le 8 et 23.

MAGOT les 10 · 11 · 21 · 24 · 30.

ASMODÉE le 12.

BELZEBUD les 9 · 20 · 22.

Les Opérations des Chapitres suivants peuvent aussi être administrées par les Esprits Familiers, savoir le:
2 · 4 · 12 · 18 · 19 · 23 · 24 · 27 · 28 · 30.

Et dans les premiers, s'ils s'excusent, il y aura empêchement, et dans un tel cas, vous vous servirez des autres Esprits. Mais dans les seconds, il faut qu'ils obéissent en tout et partout, en ce que vous leur commanderez.

INSTRUCTION AVEC L'EXPLICATION DE CE QUE L'ON DOIT OBSERVER PARTICULIÈREMENT À CHAQUE CHAPITRE DU 3eme LIVRE, SAVOIR : 1 · 2 · 4 · 6 · 7 · 10 · 23 · 25 · 27 · 29 · 30. [111]

1. Premièrement, prenez le Signe à la main, et mettez-le sous le chapeau, et serez averti secrètement par l'Esprit, ou il exécutera ce que vous aurez intention de lui commander.

---

111   On remarquera que les Chapitres énumérés ici ne correspondent pas exactement avec ceux qui suivent dans les instructions. Il est impossible de déterminer s'il s'agit d'une erreur du copiste. On se rapportera à la précédente liste des Opérations Magiques afin que les instructions ici données aient plus de sens.

2. [112] Tenez à la main le Signe et nommez l'Esprit qui paraîtra en la Forme ordonnée.

[5.] [113] Il faut savoir que chaque homme peut avoir 4 Esprits Familiers ou Domestiques, et pas davantage. Ces Esprits peuvent servir à beaucoup de choses et ils sont donnés par les Sous-Princes.

Le Premier a son pouvoir depuis le Lever du Soleil jusqu'à Midi.

Le Second depuis Midi jusqu'au Coucher du Soleil.

Le 3ᵉᵐᵉ depuis le Coucher du Soleil jusqu'à Minuit.

Et le 4ᵉᵐᵉ depuis Minuit jusqu'au Lever du Soleil du jour suivant.

Celui qui les possède est libre de s'en servir sous quelle Forme qu'il lui plaira.

De ces sortes d'Esprits, il y en a une quantité infinie qui, au temps de leur chute, furent condamnés à servir l'homme, et à chaque homme, on en a destiné quatre, et ils sont obligés de le servir Six Heures chacun. Et en cas que vous en donniez un à quelque autre, vous ne pouvez

---

112   Le Manuscrit attribue cette instruction au Chapitre II, mais elle correspond davantage aux effets du Chapitre III.

113   Le Manuscrit n'indique pas, dans la marge, à quel Chapitre correspond cette instruction. Il semble cependant comporter des affinités avec le Chapitre V.

plus vous en servir, mais pour le temps du service vous pouvez en appeler un autre Esprit. Et si vous voulez congédier quelqu'un desdits Esprits avant les Six Heures de sa garde, il suffit que vous lui fassiez signe de s'en aller, car d'abord il vous obéira. Les susdits Esprits, les Six Heures de leur garde passées, s'en vont sans vous demander la permission, et l'autre successivement prend sa place. Mais si vous en avez donné un, vous vous servirez d'un des communs en sa place.

[8.] Du Chapitre 8. Si vous voulez exciter des Tempêtes, donnez le signal par-dessus, et voulant les faire cesser, vous les toucherez par-dessous.

9. Au 9eme laissez regarder dans le Signe, et les toucher [avec], soit les Hommes ou Animaux, qui paraîtront transformés ; mais ce sera une seule fascination. Voulant ensuite la faire cesser, vous mettrez le Signe sur la tête [de l'homme ou de l'animal]) et le frapperez avec la Baguette et l'Esprit fera revenir les choses en leur premier état.

11. Nos prédécesseurs, dès le commencement du Monde, ont écrit plusieurs et divers Livres excellents de la Cabale, dont le prix surpasse toutes les richesses du Monde. Ces Livres sont la plupart perdus par la Providence ou ordre de Dieu, qui n'a pas voulu que ses Hauts Mystères fussent publiés par [de] tels moyens ; parce que, par le

moyen de tels Livres, le digne et l'indigne peut *peut* [*sic*] parvenir à jouir des Secrets du Seigneur. Quelques-uns aussi ont été brûlés dans des incendies ou enlevés par les eaux et autres semblables accidents [tels que par] des Esprits Malins qui sont envieux de ce que l'homme possède des trésors si grands et d'être obligés à lui obéir.

Mais cette 3eme partie, c'est-à-dire [cette] Sacrée Magie, est celle qui n'est pas tout à fait perdue, mais la plus grande partie [fut] cachée et bâtie dans la muraille. Et cela arriva par l'ordre des Bons Esprits qui n'ont pas permis que cet Art périsse totalement, voulant que celui qui se servirait de moyens dignes de l'obtenir du Vrai et Unique Dieu, et non du Perfide et Trompeur, le Diable et ses suivants.

Cette Opération étant finie en la manière qui convient, vous pourrez voir et lire ces Livres, mais il ne vous est pas permis de les copier ni de les tenir dans votre mémoire plus d'une fois. Moi-même, j'ai fait tous mes efforts pour les copier, mais à mesure que j'avais écrit, l'écriture disparaissait. De quoi vous pouvez conclure que le Seigneur, connaissant notre nature, qui est adonnée au Mal, ne veut pas que de si grands trésors soient employés pour le servir et au détriment du genre humain.

12. A cette Opération, suffit de toucher le Signe, car d'abord l'Esprit vous donne la réponse

à l'oreille. Mais ayant su par un tel moyen quelque chose, pour vile qu'elle soit, gardez-vous bien, si vous aimez la Grâce du Seigneur, de manifester ce Signe, parce qu'en le faisant vous nuiriez à votre prochain. Il faut, toutes les fois que vous touchez le Signe, que vous nommiez par son nom la personne dont vous souhaitez savoir le secret.

13. Je puis dire en vérité et affirmer que l'homme venant à mourir est divisé en trois parties[114], savoir : corps, âme et esprit. Le corps va à la terre, l'âme à Dieu ou au Diable, et l'esprit à son temps déterminé par son Créateur, c'est-à-dire le Sacré Nombre de Sept années, pendant lesquelles il lui est permis d'être errant et aller partout. Ensuite, il se résout, et va derechef au lieu d'où il est sorti. Changer l'état de l'âme est impossible, mais la Grâce du Seigneur, pour plusieurs causes et raisons qu'il ne m'est pas permis de manifester, a bien voulu permettre qu'avec l'aide des Esprits, on peut faire retourner et conjoindre l'esprit avec le corps, de sorte que pendant les Sept années [il] peut opérer toutes choses. Et quoique cet esprit et le corps joints ensemble fassent toutes les fonctions et exercices qu'ils faisaient lorsque le corps, et l'âme, et l'esprit étaient ensemble, c'est un corps imparfait, étant alors sans âme.

––––––––––––

114   L'occultisme ésotérique octroie plutôt sept principes à l'instar des trois seuls mentionnés ici.

Cette Opération est pourtant une des plus grandes qu'on ne doit faire que dans des cas extraordinaires; parce que pour la faire, tous les Esprits Principaux doivent opérer.

Et il n'y a pas autre chose à faire que d'être attentif au moment que l'homme vient de mourir, d'y mettre dessus le Signe selon les 4 Parties du Monde.

Et d'abord qu'il se lève et commence à se mouvoir, il faut l'habiller et faut coudre dans son habit un Signe semblable à celui que l'on a mis sur lui. Et sachez que les Sept années étant expirées, l'esprit qui fut conjoint avec le corps partira à l'impourvu[115], et on ne peut pas prolonger davantage le temps des dites 7 années. Je fis la preuve de cette Opération dans la Morée, au duc de Saxonie, qui n'avait que des enfants mineurs, et le plus grand était de 12 à 13 ans, inhabile au gouvernement et au maniement de son état, que ses propres parents se seraient appropriés. Et par un tel moyen, j'y pourvus et j'empêchai que cet état ne tombât dans des mains étrangères.

14. Se rendre invisible est une chose très facile[116], mais elle n'est pas justement permise. Parce

---

115   A l'improviste.

116   L'idée de l'invisibilité est un sujet de nombreuses discussions en Magie et j'ai voulu y apporter une note fort intéressante qui pourra apporter matière à réflexion.

que, par un tel moyen, on peut nuire à son prochain en la vie, on peut bien le faire pour des effets ou facultés, et on peut aussi faire une infinité d'autres maux. Mais honnêtement, on ne doit point le faire, [ceci] étant expressément défendu

---

Ne pouvant mieux l'expliquer que son auteur, je me permets ici de reprendre les paroles du mage Franz Bardon dans son excellent livre *Le Chemin de la Véritable Initiation Magique* :

« ...Cette sorte d'invisibilité est également possible en Magie, toutefois, au lieu d'utiliser la substance éthérique on travaille avec la lumière. On remplit le corps physique de lumière mais on prend garde à ce que la dose accumulée corresponde bien à ce qui est voulu sinon, par une charge excessive, non seulement on ne serait pas invisible mais on deviendrait translucide et brillant comme un soleil. La réalisation de l'invisibilité physique n'est pas facile; elle exige des années de pratique et de maîtrise et ne peut être effectuée correctement que par des Adeptes de rang supérieur, sinon suprême.

Lorsque le Mage peut se rendre invisible sur le plan mental et astral, voire physique, il peut aussi rendre invisible, à volonté et sans peine, tout objet matériel; à cet effet, il transmute, par la visualisation dans la substance éthérique, cet objet de sa forme physique en sa forme astrale; celui-ci alors disparaît immédiatement de la vue d'un non-Initié, c'est-à-dire d'un être humain dont les sens ne sont pas développés. Un objet ainsi dématérialisé peut être déplacé, sous sa forme astrale par le corps astral d'un esprit vivant sur ce plan ou par le Mage lui-même (ou par un seul membre en extériorisation). Au lieu d'arrivée, l'esprit ou le Mage n'ont plus qu'à effectuer la matérialisation de l'objet: lui rendre sa forme physique. »

de Dieu. C'est pourquoi je vous prie de vous en servir toujours en bien et jamais en mal. Vous avez dans ce Chapitre 12 Signes, pour 12 Esprits différents soumis au Prince MAGOT, qui sont tous de la même force. Vous mettez le Signe sous le chapeau ou sous le bonnet, et d'abord vous deviendrez invisible ; et en l'ôtant, vous deviendrez visible.

15. Ce Signe et tous les autres semblables appartiennent à ce Chapitre. Lorsque vous voudrez vous en servir, vous les mettrez entre deux plats ou pots, fermés ensemble, dehors sur une fenêtre. Et avant qu'un quart d'heure se passe, vous trouverez et aurez ce que vous aurez demandé. Mais sachez qu'avec de telles viandes vous ne pourrez pas nourrir les hommes plus de deux jours seulement ; car ces viandes, quoiqu'elles remplissent les yeux et la bouche, ne nourrissent pas longtemps le corps qui a toujours faim, ne lui donnant aucune force à l'estomac. Sachez aussi qu'aucune de ces choses ne reste pas visible plus de 24 heures, lesquelles étant passées faut en avoir de nouvelles.

16. Si vous souhaitez trouver ou acquérir des Trésors, vous trouverez le Signe que vous voudrez, et des communes ou des particulières Opérations, et l'Esprit d'abord vous le montrera, de quelle sorte et de quelle manière il sera. Alors

vous mettrez le Signe qui lui est particulier sur cela et il ne pourra plus s'enfoncer dans la terre, ni être transporté [ailleurs]. Bien plus, les Esprits destinés à la garde de ce Trésor s'en iront, et vous pourrez en disposer et l'enlever.

17. Nommez le lieu où vous voulez aller, et mettez le Signe sur la tête, sous le bonnet ou sous le chapeau. Mais prenez bien garde que le Signe, par négligence ou par mégarde, ne vous tombe. Ne faites point ce voyage de nuit, à moins que la nécessité ou autre cas pressant ne vous y oblige, mais faites-le dans un jour serein et tranquille.

18. Défaites les bandes du mal, et les nettoyez. Et ayant appliqué l'onguent et les serots[117], mettez-les sur le mal et y mettez dessus le Signe et l'y laisser environ un quart d'heure ; puis l'ôter et le garder. Mais si c'est une maladie intérieure, vous mettrez le Signe sur la tête nue du patient. Ces Signes peuvent être vus et regardés sans nuire, mais il est toujours mieux qu'ils ne soient point vus ni maniés d'autres personnes que de vous-même.

19. & 20. A la sollicitation, et par le moyen des Esprits, on obtient l'amour, la bienveillance et la

---

117   Qui serre ; visiblement dans le sens de compresses ou bandages serrés.

faveur des Princes Souverains en cette manière. On nomme les personnes parmi lesquelles vous souhaitez d'être aimé [et] vous mouvrez le Signe de leur condition ; parce que voulant opérer par soi-même dans les choses d'amour ou d'amitié, [vous] nommerez absolument la personne et mouverez le Signe. Mais nommant ou opérant pour deux autres, soit pour l'amour ou pour la haine, il faut expressément nommer tous les deux et mouvoir les Signes de leur condition ; ou bien vous toucherez les personnes avec le Signe, s'il vous est possible, ou avec le commun ou avec le général. Dans celui-ci sont renfermées toutes les sortes de bienveillances parmi lesquelles la plus pénible est de se faire aimer des personnes religieuses.

21. Dans cette transmutation, qui est plutôt une fascination, se fait de cette manière. On prend le Signe à la main gauche, et avec icelui, vous vous en frottez le visage. Que si quelque négromancien, qui se fut transformé, faisant quelque Art diabolique, il serait bientôt découvert. Il est bien vrai que si celui qui opère était instruit de la Vraie et Sacrée Magie comme vous, il ne [vous] ferait aucun effet ; parce que contre la Grâce du Seigneur, reçue par quelque ce soit, personne ne convient, ni peut se faire quelque ce soit Opération, ou bonne ou mauvaise, mais si elles étaient des Opérations diaboliques, des Pactes

exprès, et semblables Sorcelleries, il est certain que vous leur ferez honte.

22. Tous les Signes, on les enterre sous les portes, sous le degré[118], sous les chemins et autre part où on passe, dans les lits, dans les écuries et dans les lieux où l'on dort, par où l'on passe et où on s'appuie; lesquels derniers suffit de les toucher avec le Signe. Il faut remarquer ici que l'on peut faire beaucoup de mal aux ennemis, lesquels si vous savez de science certaine qu'ils attentent à votre vie, il n'y a aucun péché imaginable de s'en servir. Mais si vous le faites pour complaire à quelque ami, vous n'en seriez pas bon marchand auprès de votre Ange. Servez-vous de l'épée contre les ennemis, mais jamais contre le prochain, sans aucune utilité, mais [sauf] à votre dommage.

26. Si vous voulez ouvrir les choses fermées, comme serrures, cadenas, coffres, armoires, caisses et portes, vous les toucherez avec le Signe du côté qui est écrit d'abord. Sans être aucunement gâtées, s'ouvriront sans aucun bruit ni sans donner aucune suspicion de fracture. Et voulant les refermer, vous les toucherez avec le dos du Signe où soit la partie qui n'est point écrite, et d'abord

------

118   Tel quel dans le Ms. Mathers indique sous les marches.

se refermeront. Et il ne faut point se servir de cette Opération dans les Églises et pour commettre des homicides. On peut aussi beaucoup d'autres maux, desquels un chacun doit s'abstenir pour ne point irriter l'Ange et abuser de la Grâce de Dieu que vous avez reçue. Et ne sert pas non plus pour commettre des stupres ou des viols, mais seulement [que] pour des effets et autres choses [permises].

[Des autres considérations][119]

L'Enfant dont vous vous servirez pour la conclusion de cette Opération ne doit pas passer [avoir plus de] sept ans. Il faut qu'il prononce bien, qu'il soit actif, qu'il sache bien ce que vous lui apprendrez à faire pour vous servir. Et ne doutez pas que cet Enfant soit capable de révéler et dire à d'autres aucune chose de ce qui se fera. Et il ne se souviendra aucunement de ce qu'il aura fait, et vous pourrez en faire l'expérience vous-même, en l'interrogeant après les sept jours, et vous trouverez qu'il ne se saura vous dire aucune chose de ce qu'il aura fait ; ce qui est remarquable.

Lorsque vous vous résoudrez de donner à quelqu'un la présente Opération, qui ne se doit

---

119   Puisque dans le Manuscrit, l'instruction du Chapitre 28 ne suit pas immédiatement celle du Ch. 26, j'ai ajouté ce sous-titre afin d'identifier clairement la coupure.

donner qu'en pur don comme je l'ai déjà dit, souvenez-vous de vous faire compter sept florins, que vous distribuez à sept pauvres de votre propre main, et qu'ils soient vraiment dans la nécessité. Auxquels vous direz que, pendant sept jours, aient à dire les Sept Psaumes Pénitentiaux, ou le *Pater* et l'*Ave*, sept fois par jour, priant le Seigneur pour la personne qui les a donnés à vous-même pour leur distribuer, afin qu'il daigne à l'avenir, de l'assister et lui accorder à jamais une telle force qu'il ne transgresse ses Sts Commandements.

Pendant que vous ferez l'Opération, soyez certain qu'un chacun est sujet à de très grandes tentations de prévarication, et en particulier à de grandes inquiétudes d'âme, pour vous faire abandonner l'Opération. Parce que l'Ennemi mortel de l'homme est fâché qu'il fasse acquisition de cette Sacrée Sapience et qu'il [la] reçoive de Dieu même, lui ayant par là fermé la voie du Démon, étant la fin unique de cette Sacrée Sapience. Car les Enchantements dont se servent les scélérats Enchanteurs et Sorciers ne sont point faits par la droite voie, et n'ont cette puissance de les exécuter qu'autant qu'ils rendent des Tributs, des Sacrifices, et des Pactes, qui renferment évidemment la perte de leur âme, et le plus souvent celle du corps.

Considérez que son orgueil le chassa du Ciel, et pensez quel brise cœur c'est pour lui de voir qu'un homme, fait terre vile [le] commande, lui qui est un Esprit créé noble et Ange, et qu'il faille qu'il lui soit soumis et qu'il lui obéisse, non de sa propre volonté, mais par force et par un commandement que Dieu a donné à l'homme, auquel il est forcé de s'humilier et d'obéir, lui qui à grande peine s'humilie à son Créateur. Et pourtant, il est obligé, par son plus grand mépris et sa plus forte douleur, de se soumettre à l'homme pour lequel est destiné le Ciel, que lui-même a perdu pour une éternité.

C'est pourquoi il faut continuer l'Opération et avoir recours au Seigneur, et ne point vous scandaliser, parce que vous vaincrez toutes difficultés, ne manquant jamais le Seigneur à ceux qui mettent toute leur confiance en Lui.

Vous ne pouvez donner cette Sacrée Opération qu'à deux personnes ; et au cas où vous la donneriez à une troisième, elle serait bonne pour elle, mais vous en seriez privé à jamais. Je vous en prie, en grâce, de bien ouvrir les yeux et bien examiner à qui vous donnerez un si grand Trésor, afin que ce ne soit pas une personne qui s'en serve pour desservir Dieu, qui est un péché si grand que nous, Juifs, nous le prouvons. Puisque depuis que nos prédécesseurs se sont servi de cette Sacrée Magie pour le Mal, Dieu l'accorde à si peu de nous que, moi vivant compris, nous ne sommes que le nombre de sept qui, par la Grâce de Dieu, la possédons.

Lorsque l'Enfant vous avertira que votre Ange Gardien est apparu, vous alors, sans vous mouvoir de votre place, vous direz tout bas le Psaume 137, qui commence : *Confitebor Tibi Domine, in toto corde meo.* Et, au contraire, lorsque vous convoquerez la première fois les 4 Esprits Supérieurs, vous direz le Psaume 90 : *Qui habitat in adjutorio Altissimi,* non tout bas comme le précédent, mais comme vous parlez ordinairement, debout, comme vous vous trouverez.

28. Et parce que j'ai laissé le Chap. 28, je le mets ici. [Placez] le Signe de la monnaie que vous souhaitez dans la bourse, laissez l'y demeurer un peu de temps, puis mettez la main droite dans la bourse ; vous y trouverez sept pièces de cette monnaie que vous aurez entendu avoir. Mais prenez garde de ne faire cette Opération que trois fois par jour. Et les pièces de monnaie dont vous n'aurez plus besoin disparaîtront d'abord. C'est pourquoi lorsque vous avez besoin de petite monnaie, gardez-vous bien, pour un singulier, d'en demander de la grande. J'aurais pu mettre d'autres nombres et Signes, mais j'ai mis seulement ceux que j'ai connus pour les plus nécessaires à un qui commence, et pour vous éviter, en partie, la peine. Parce que même il n'est pas juste que vous, ayant un Ange pour maître et pour guide, de vous donner de plus grandes instructions de celles que je vous ai données, n'étant qu'un homme mortel.

Nous avons déjà dit qu'un chacun, de quelque religion que ce soit, pourvu qu'il reconnaisse Dieu, peut parvenir à la possession de cette Véritable Sapience et Magie, se servant de termes et de moyens convenables. Maintenant, je dis plus que, qu'elle que Loi soit celui qui opère peut observer les Fêtes, pourvu qu'elles n'empêchent point l'Opération, avec un ferme et véritable propos que, toutes les fois que vous aurez de votre Ange de plus grandes lumières, en ce que vous pouvez errer, que vous serez prêt à vous en corriger, obéissant en tout et partout à ses préceptes. Vous devez, pour tout touchant le régime de vie, la pratique et autres avis donnés dans ce Livre, observer le tout exactement, inviolablement et de point en point.

Comme nous l'avons déjà dit, si par hasard vous survenait quelque petite indisposition, ayant commencé l'Opération, vous observerez ce qui a été dit; mais lorsque le mal empire beaucoup, de sorte que les remèdes fussent nécessaires pour la santé du corps, et qu'il fallut tirer du sang, alors ne vous obstinez pas contre la volonté du Seigneur, mais ayant fait une brève Oraison, remerciez-le de vous visiter de cette manière. Et s'étant servi d'un moyen qui vous oblige à cesser l'Opération commencée, et pour n'être point votre propre homicide, et quoique cela vous tienne au cœur avec tout cela, conformez-vous à la Sainte Volonté. Et ayant repris votre santé qu'à son temps, vous retournerez à l'Opération, étant sûr qu'il vous accordera son assistance. Le désistement forcé n'empêche pas qu'en attendant le temps convenable vous ne puissiez la reprendre, puisque cette interruption n'est point volontaire, mais forcée par la nécessité qui, si cette interruption était arrivé par un pur caprice, vous ne devez plus y penser[120] parce qu'on ne se moque pas de Dieu.

Il y a deux sortes de péchés qui déplaisent infiniment à Dieu. Un est l'ingratitude et l'autre est l'incrédulité. Je dis cela en passant parce que le Diable ne manquera pas de vous insinuer mille pensées dans la tête, que cette Opération peut être ou ne pas être, que les Signes ne sont pas bien faits, pour vous faire gloser sur le contenu. C'est pourquoi il faut que vous ayez la Foi et que vous croyiez. Et il ne faut point disputer ce que vous ne savez pas. Souvenez-vous que, Dieu de rien fit toute chose, et que le tout consiste en lui. Observer, travaillez, et vous verrez.

Au nom du Très-St ADONAI, Véritable et Unique Dieu, nous avons achevé ce Livre avec le meilleur ordre et la meilleure instruction qu'il

---

120   Abandonner complètement l'Opération.

m'a été possible. Et sachez qu'en Dieu vous trouverez seulement l'unique et certaine Voie pour arriver à la Véritable Sapience et Magie, en suivant pourtant ce que je vous ai écrit dans ce Livre avec exactitude. Mais encore, lorsque vous aurez mis quelque chose en pratique, vous connaîtrez manifestement combien grand et demeuré a été l'amour paternel [121] ; et j'ose dire en vérité que j'ai fait, pour l'amour de vous, ce qu'aucun n'a fait dans nos temps, principalement en vous déclarant les deux Signes, celui de l'Enfant et le vôtre particulier, sans lesquels je vous jure par le Vrai Dieu que de cent qui entreprendront cette Opération, il n'y en avait que deux ou trois qui y parviendraient. Je vous ai pourtant ôté toutes difficultés ; soyez à présent tranquille et ne méprisez pas mes conseils.

Et ne doit point vous paraître étrange que ce Livre ne soit point semblable à tant d'autres que j'ai, et qui sont composés avec un style haut et subtil ; parce que je l'ai fait tout exprès pour vous éviter temps de travail et vous y éclaircir les difficultés que vous y auriez rencontrées pour l'entendre. Et afin qu'il ne partit point d'autres mains pour le faire expliquer, pour faire ce Livre, je ne me suis point servi de termes éloquents et particuliers qu'observent ceux qui composent des

---

121   On se rappellera qu'Abraham, qui écrit ce livre, s'adresse à son fils Lamech.

livres, et souvent, non sans mystère. Je me suis servi d'ordre, faisant un mélange de la matière, et la dispersant deçà et delà dans les Chapitres afin que vous soyez forcé de lire et relire plusieurs fois ce Livre, et aussi pour mieux faire, le transcrire et l'imprimer dans la mémoire.

Rendez donc grâce au Seigneur Dieu Tout-Puissant, et n'oubliez pas jusqu'à la mort mes fidèles avis. Et ainsi la Divine Sapience et Magie seront votre richesse et vous ne pourrez jamais avoir un plus grand Trésor dans le monde. Obéissez promptement à celui qui vous enseigne ce qu'il a appris par son expérience. Et je vous prie et conjure, par le Dieu qui est mon Dieu et mon Seigneur, d'observer sommairement et inviolablement les trois Chapitres[122] suivants qui vous devront servir de guides et de formes pendant que vous passez le Golfe de ce misérable Monde.

1. Dieu, sa Parole, tous ses Commandements, et le Conseil de votre Ange, ne sortent jamais de votre cœur et de votre esprit.

2. Soyez ennemi capital de tous les Esprits Malins, leurs vassaux et adhérents, pendant tout le temps de votre vie. Dominez sur eux et les regardez comme vos serviteurs. S'ils vous proposent en vous demandant des Pactes ou des Sacrifices,

---

122   Les trois points d'importance suivants.

ou l'obéissance, ou la Servitude, refusez-les avec mépris et menaces.

[3]¹²³ Il est plus qu'évident que Dieu peut connaître le cœur des hommes, ce qu'aucun autre ne pourrait faire. Vous devez pourtant vous forcer à pratiquer quelque temps celui à qui vous destinez de la donner. Vous examinerez sa vie et ses mœurs ; vous discourrez avec lui de la matière, tâchant de découvrir le mieux et le plus qu'il vous sera possible, si la personne s'en servira en Bien ou en Mal. Et donnant cette Opération, vous jeûnerez mangeant une seule fois par jour, et celui qui la recevra fera la même chose, comme nous l'avons dit au Chapitre 38¹²⁴. Il est vrai que celui qui souffre [en] faisant un tel jeûne, peut y suppléer en payant un ou plusieurs, qui jeûneront à sa place et à son intention, laquelle doit être de donner et recevoir la dite Opération, à la Gloire du Grand Dieu, et à l'utilité propre, et celle du prochain, tant ami qu'ennemi, et de toutes les Créatures.

Les Dix Florins d'or seront distribués de vos propres mains lorsque vous les aurez reçus à 72 pauvres qui sachent les Psaumes dits dans le

---

123   Il n'est pas indiqué dans la marge du Ms. qu'ici commence le 3ᵉ point.

124   Possiblement en référence au 2ᵉ point *Des autres considérations* (p. 168). Car il n'existe pas de chapitre 38 dans aucun des Trois Livres.

même Chapitre. Et gardez-vous de ne pas manquer à cela car c'est un point essentiel.

De plus, vous demanderez à celui à qui vous donnerez l'opération, un plaisir à votre choix qui dépend de l'Opération. Mais donnez-vous de garde de demander de l'argent ; vous seriez privé de la Sacré Sapience.

Toutes les fois que vous voudrez faire un commandement, vous direz 3 fois le Psaume 90 : *Qui habitat in adjutorium Altissimi*, parce que ce Psaume a une telle vertu que vous en serez étonné lorsque vous le connaîtrez.

Connaissant d'avoir offensé, comme homme, votre Créateur en ce qui regarde les Tables de la Loi, ne faites aucune Opération qu'après avoir fait à Dieu une confession générale de vos péchés, ce que vous observerez jusqu'à la mort. Et ainsi faisant, la Miséricorde du Seigneur ne s'éloignera jamais de vous.

Auquel Seigneur soient Louanges, et Gloire, et Honneur, pour les dons qu'il nous a faits. Ainsi soit-il.

FIN
Du Second Livre.

LIVRE TROISIEME

de la Sacrée Magie que
Dieu donna à Moyse,
Aaron, DAVID, Salomon
et à d'autres saints
Patriaches et Prophetes
qui enseigne la vraye
sapience Divine, laissée

Par Abraham à —
Lamech son Fils —
traduite de l'hebreux

1458.

LIVRE TROISIÈME

de la Sacrée Magie que Dieu donna à Moïse, Aaron, David, Salomon, et à d'autres Saints Patriarches et Prophètes qui enseigne la Vraie Sapience Divine, laissée par Abraham à Lamech son Fils, traduite de l'hébreu.

1458.

LIVRE TROISIÈME
[DE LA SACRÉE MAGIE]

ELUI qui aura fidèlement observé ce que lui a été enseigné et aura, avec bonne volonté, obéi aux Commandements de Dieu, soit certain qu'il lui sera accordé cette Véritable et Loyale Sapience, et le perfide BELIAL ne pourra faire autrement que de devenir son Esclave et toute sa génération pestiférée.

Je prie pourtant le Vrai Dieu qui gouverne, régit et maintient tout ce qu'il a créé, que tu, LAMECH mon fils, ou qui que ce soit à qui tu accorderas cette Sacrée Opération, l'opériez ayant toujours devant les [yeux] la crainte de Dieu, et de ne point t'en servir en mal parce que Dieu Éternel a bien voulu en cela nous laisser notre libre arbitre. Mais malheur à celui qui abusera de sa Divine Grâce. Je ne dis pourtant pas que si un ennemi attentait à ta vie, tu ne puisses aussi, s'il le faut, l'anéantir. Mais pour tout autre [motif], ne mets jamais la main au tranchant. Sers-toi des lénitifs, sois doux et affable avec tout le monde. On peut aussi servir un ami sans préjudice de soi-même.

DAVID et le Roi SALOMON auraient pu abîmer leurs ennemis dans un instant, mais ils ne l'ont point fait, à l'imitation de Dieu même qui ne châtie point, à moins qu'il ne soit violenté.

Si tu observes parfaitement cette règle, tous les Signes suivants et une infinité d'autres te seront donnés par ton Saint Ange Gardien, à l'Honneur et Gloire du Vrai et Unique Dieu Vivant, pour ton utilité propre et celle de ton prochain.

La crainte de Dieu soit toujours devant les yeux et le cœur de celui qui possédera cette Sapience Divine et Sacrée Magie.

CHAPITRE PREMIER

[POUR DÉCOUVRIR TOUTES SORTES DE CHOSES.] [125]

1. Pour savoir toutes sortes de choses passées et futures qui ne soient pourtant pas directement contre Dieu et sa Très-Sainte Volonté.
2. et 3. Pour savoir les choses à venir.
4. Les choses à venir de Guerre.
5. Les choses passées oubliées
6. Les tribulations à venir.
7. Les choses à venir propices.
8. Les choses passées des Ennemis.
9. Pour savoir les Signes des Tempêtes.
10. Pour savoir les Secrets de Guerre.
11. Pour connaître les vrais et faux Amis.

---

125   Il n'y a pas de titre à ce Chapitre dans le Manuscrit, malgré que le point no 1 semble fort approprié.

3.

```
D O R E H
O R I R E
R I N I R
E R I R O
H E R O D
```

4.

```
N A B H I
A D A I H
B A K A B
H I A D A
I H B A N
```

5.

```
N V D E T O N
V S I L A R O
D I R E M A T
E L E M E L E
T A M R R I D
O R A L I S V
N O T E D V N
```

6.

```
S A R A P I
A R A I R P
R A K K I A
A I K K A R
P R I A R A
I P A R A S
```

7.

```
M A L A C H
A M A N E C
L A N A N A
A N A N A L
C E N A M A
H C A L A M
```

8.

```
K O S E M
O B O D E
S O F O S
E D O B O
M E S O K
```

9.

```
R O T H E R
O R O R I E
T O A R A H
H A R A O T
E I R O R O
R E H T O R
```

10.

```
M E L A B B E D
E L I N A L S E
L I N A K I L B
A N A K A K A B
B A K A K A N A
B L I K A N I L
E S L A N I L E
D E B B A L E M
```

11.

```
M E B H A E R
E L I A I L E
B I K O S I A
H A O R O A H
A I S O K I B
E L I A I L E
R E A H B E M
```

CHAPITRE DEUXIÈME

POUR AVOIR [DES] INFORMATIONS ET ÊTRE ÉCLAIRCI DANS TOUTES SORTES DE PROPOSITIONS ET TOUTES SCIENCES DOUTEUSES. [126]

1.

A	L	L	U	P
L	E	I	R	U
L	I	G	I	L
U	R	I	E	L
P	U	L	L	A

2.

M	E	L	A	M	M	E	D
E	R	I	F	O	I	S	E
L	I	S	I	L	L	I	M
A	F	I	R	E	L	O	M
M	O	L	E	R	I	F	A
M	I	L	L	I	S	I	L
E	S	I	O	F	I	R	E
D	E	M	M	A	L	E	M

3.

E	K	D	I	L	U	N
K	L	I	S	A	T	U
D	I	N	A	N	A	L
I	S	A	G	A	S	I
L	A	N	A	N	I	D
U	T	A	S	I	L	K
N	U	L	I	D	K	E

---

126   Aucune description des trois Signes n'est fournie dans le Ms.

CHAPITRE TROISIÈME

POUR FAIRE PARAÎTRE QUELQUE SOIT ESPRIT ET LUI FAIRE PRENDRE DIVERSES FORMES D'HOMME, D'ANIMAL, D'OISEAU, &C.

1. Paraîtra en forme de Serpent.
2. Pour les faire paraître en forme de tous les Animaux.
3. En forme Humaine.
4. En forme d'Oiseau.

1.

U	R	I	E	L
R	A	M	I	E
I	M	I	M	I
E	I	M	A	R
L	E	I	R	U

2.

L	U	C	I	F	E	R
U	N	A	N	I	M	E
C	A	T	O	N	I	F
I	N	O	N	O	N	I
F	I	N	O	T	A	C
E	M	I	N	A	N	U
R	E	F	I	C	U	L

3.

L	E	V	I	A	T	A	N
E	R	M	O	G	A	S	A
V	M	I	R	T	E	A	T
I	O	R	A	N	T	G	A
A	G	T	N	A	R	O	I
T	A	E	T	R	I	M	V
A	S	A	G	O	M	R	E
N	A	T	A	I	V	E	L

4.

S	A	T	A	N
A	D	A	M	A
T	A	B	A	T
A	M	A	D	A
N	A	T	A	S

CHAPITRE QUATRIÈME

POUR DIVERSES VISIONS.

1. Pour les Miroirs de verre et Cristaux.
2. Dans les Cavernes et Souterrains.
3. Dans l'Air.
4. Dans les Bagues et Anneaux.
5. Dans la Cire.
6. Dans le Feu.
7. Dans la Lune.
8. Dans l'Eau.
9. Dans la Main.

1.

```
G I L I O N I N
I
L
I
O
N
I
N
```

2.

```
E T H A N I M
T
H
A
N
I
M
```

3.

```
A P P A R E T
P
P
A
R
E
T
```

4.

```
B E D S E R
E L I E L E
D I A P I S
S E P P E D
E L I E L E
R E S D E B
```

5.

```
N E G O T
E R A S O T O
G A R A G O G
O M A R E
T O G E N
```

6.

```
N A S I
A P I S I S
S S I P A P A
I I S A N
```

7.

```
G O H E N
O R A R E E
H A S A H A H
E R A R O
N E H O G
```

8.

```
A D M O N
D
M
O
N
```

9.

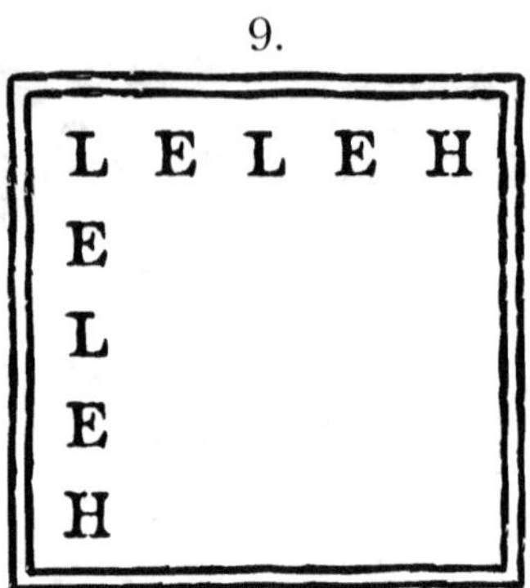

CHAPITRE CINQUIÈME

COMMENT ON PEUT TENIR LES ESPRITS FAMILIERS FERMES OU LIBRES, EN QUELQUE CE SOIT FORME.

1. En forme de Lion.
2. En forme de Page.
3. En forme de Fleur.
4. En forme de Cavalier.
5. En forme d'Aigle.
6. En forme de Chien.
7. En forme d'Ours.
8. En forme de Soldat.
9. En forme de Vieillard.
10. En forme de Maure.
11. En forme de Serpent.
12. En forme de Singe.

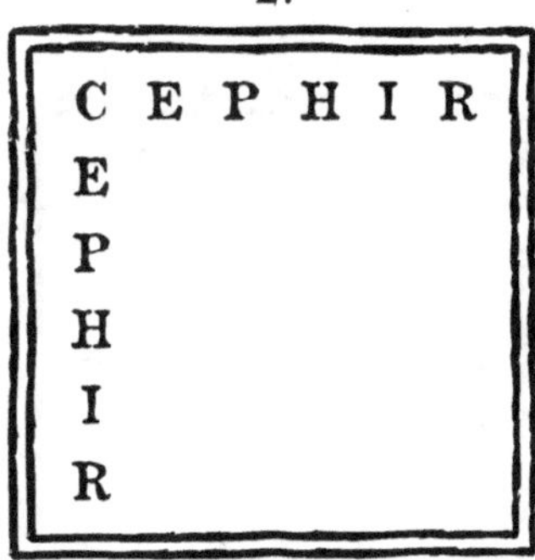

3.

```
O I K E T I S
I
K
E
T
I
S
```

4.

```
P A R A S
A
R
A
S
```

5.

```
R A C A H
A
C
A
H
```

6.

```
C U S I S
U
S
I
S
```

7.

```
P E R A C H I
E         I H
R         C A
A         H R
C         A E
H         R E P
I H C A R E P
```

8.

```
R I S I R
I S E R I
S E K E S
I R E P I
R I S I R
```

9.

```
N E S E R
E L E H E
S E P E S
E H E L E
R E S E N
```

10.

```
P E T H E N
E
T
H
E
N
```

11.

```
K A L E F
A R A R E
L A M A L
E R A R A
F E L A K
```

12.

```
K O B H A
O
B
H
A
```

CHAPITRE SIXIÈME

POUR FAIRE MONTRER ET EXPÉDIER TOUTES SORTES D'OUVRAGES DE MINES.

1. Pour que les Cavernes ne s'affaissent.
2. Pour qu'il montre une Mine d'or.
3. Pour faire travailler aux Mines.
4. Pour faire travailler aux lieux inaccessibles.
5. Pour faire percer les Montagnes.
6. Pour faire ôter les eaux des Mines.
7. Pour que les Esprits portent du bois.
8. Pour qu'ils fondent et purgent les Métaux et séparent l'or et l'argent.

1. [127]

```
T E L A A H
E         A
L         A
A         L
A         A
H A A L E T
```

2.

```
A L C A B R U S I
L               S
C               U
A               R
B               B
R               A
U               C
S               L
I S U R B A C L A
```

---

127   A la colonne de droite, il est écrit T*A*LAAH, alors que les trois autres lignes indiquent T*E*LAAH. Il est impossible de savoir s'il s'agit d'une erreur.

128   Le Ms. indique à la 4ᵉ ligne TA*M*NIT. Tandis que la ligne précédente suggère plutôt TA*N*NIT. Cette seconde forme est également préconisée par Mathers.

3.

```
C A D S A R
A           R
D           A
S           S
A           D
R A S D A C
```

4.

```
P E L A G I M
E R E N O S I
L E R E M O G
A N E M A L A
G O M A R E L
I S O L E I E
M I G A L E P
```

5.

```
K I L O I N
I S E R P I
L E N I R O
O R I N E L
I P R E S I
N I O L I K
```

6.

```
N A K A B
A
K
A
B
```

7.[128]

```
K I T T I K
I S I A D I
T I N N A T
T A M N I T
I D A I S I
K I T T I K
```

8.

```
M A R A K
A
R
A
K
```

CHAPITRE SEPTIÈME

POUR FAIRE FAIRE À L'ESPRIT TOUS LES TRAVAUX ET OPÉRATIONS CHIMIQUES AVEC FACILITÉ ET PROMPTEMENT POUR LES MÉTAUX.

1. Pour qu'ils fassent tous Métaux.
2. Pour qu'ils fassent les Opérations.
3. Pour qu'ils enseignent la Chimie.

CHAPITRE HUITIÈME

POUR EXCITER LES TEMPÊTES.

1. Pour faire Grêler.
2. Pour faire Neiger.
3. Pour faire Pleuvoir.
4. Pour faire Tonner.

1.

```
C A N A M A L
A M A D A M A
N A D A D A M
A D A N A D A
M A D A D A N
A M A D A M A
L A M A N A C
```

2.

```
T A K A T
A       A
K       K
A       A
T A K A T
```

3.

```
S A G R I R
A
G
R
I
R
```

4.

```
H A M A G
A B A L A
M A H A M
A L A B A
G A M A H
```

CHAPITRE NEUVIÈME

POUR TRANSFORMER LES ANIMAUX EN HOMMES, ET LES HOMMES EN ANIMAUX.

1. Transformer les Hommes en Anes.
2. En Cerfs.
3. En Éléphants.
4. En Sangliers.
5. En Loups.
6. En Chiens.
7. Les Animaux en Pierres.

7.

I	S	I	C	H	A	D	A	M	I	O	N
S	E	R	R	A	R	E	P	I	N	T	O
I	R	A	A	S	I	M	E	L	E	I	S
C	R	A	T	I	B	A	R	I	N	S	I
H	A	S	I	N	A	S	U	O	T	I	R
A	R	I	B	A	T	I	N	T	I	R	A
D	E	M	A	S	I	C	O	A	N	O	C
A	P	E	R	U	N	O	I	B	E	M	I
M	I	L	I	O	T	A	B	U	L	E	L
I	N	E	N	T	I	N	E	L	E	L	A
O	T	I	S	I	R	O	M	E	L	I	R
N	O	S	I	R	A	C	I	L	A	R	I

1.

```
I E M I M E I
E R I O N T E
M I R T I N M
I O T I T O I
M N I T R I M
E T N O I R E
I E M I M E I
```

2.

```
A I A C I L A
I S I O R E L
A I E R I R A
C O R I L O N
I R I L E I A
L R R O I S I
A L A N A I A
```

3.

```
C H A D S I R
H           I
A           S
D           D
S           A
I           H
R I S D A H C
```

4.

```
B E D A S E K       E
E                   K
D                   E
A R A M A S I A     S
S                   A
E                   D
K                   E
                    B
```

5.

```
K A L T E P H
A P I E R I P
L I L M O R E
T E M U M E T
E R O M L I L
P I E R I P A
H P E T L A K
```

6.

```
D I S E E B E H
I S A R T R I E
S A R G E I R B
E R B O N E T E
E T O N O G R E
B A R O B R A S
E R A T R A S I
H E B E E S I D
```

CHAPITRE DIXIÈME

POUR EMPÊCHER TOUTES LES OPÉRATIONS DE NÉCROMANCIE ET DE MAGIE DE N'AVOIR AUCUN EFFET, EXCEPTÉ LES OPÉRATIONS DE LA CABALE ET DE CETTE MAGIE SACRÉE.

1. Pour défaire quelque soit Magie.
2. Pour guérir les ensorcelés.
3. Pour faire cesser les Tempêtes Magiques.
4. Pour découvrir toute Magie.
5. Pour empêcher les Sorciers d'opérer.

3.

```
P A R A D I L O N
A R I N O M I S O
R I L O R A E I K
A N O T A L A M I
D O R A F A C O L
I M A L A T O N A
L I E A C O R I T
O S I M O N I R A
N O K I L A T A N
```

4.

```
H O R A H
O S O M A
R O T O R
A M O S O
H A R O H
```

5.

```
M A C A N E H
A R O L U S E
D I R U C U N
A L U H U L A
S E R U R O C
U N E L I R A
L U S A D A M
```

CHAPITRE ONZIÈME

POUR FAIRE APPORTER TOUTES SORTES DE LIVRES PERDUS OU VOLÉS.

1. Pour Livres d'Astrologie.
2. Pour Livres de Magie.
3. Pour Livres de Chimie.

1.

C	O	L	I		I
O	D	A	C		C
L	A	C	A		A
I	C	A	R		R

2.

S	E	A	R	A	H
E	L	L	O	P	A
A	L	A	T	I	M
R	O	T	A	R	A
A	P	I	R	A	C
H	A	M	A	C	S

3.

K	E	H	A	H	E	K
E						
H						
A						
H						
E						
K						

CHAPITRE DOUZIÈME

POUR SAVOIR LES SECRETS D'UNE PERSONNE.

1. Pour savoir les Secrets des Lettres.
2. Pour savoir les Secrets des Paroles.
3. Pour savoir les Opérations Secrètes.
4. Pour les Conseils militaires du Capitaine.
5. Pour savoir les Secrets d'amour.
6. Pour savoir combien de richesse possède une personne.
7. Pour savoir le Secrets de tous les Arts.

1.

```
M E G I L L A
E
G
I
L
L
A           M
```

2.

```
S I M B A S I
I
M A R C A R A
B
A
S
I
```

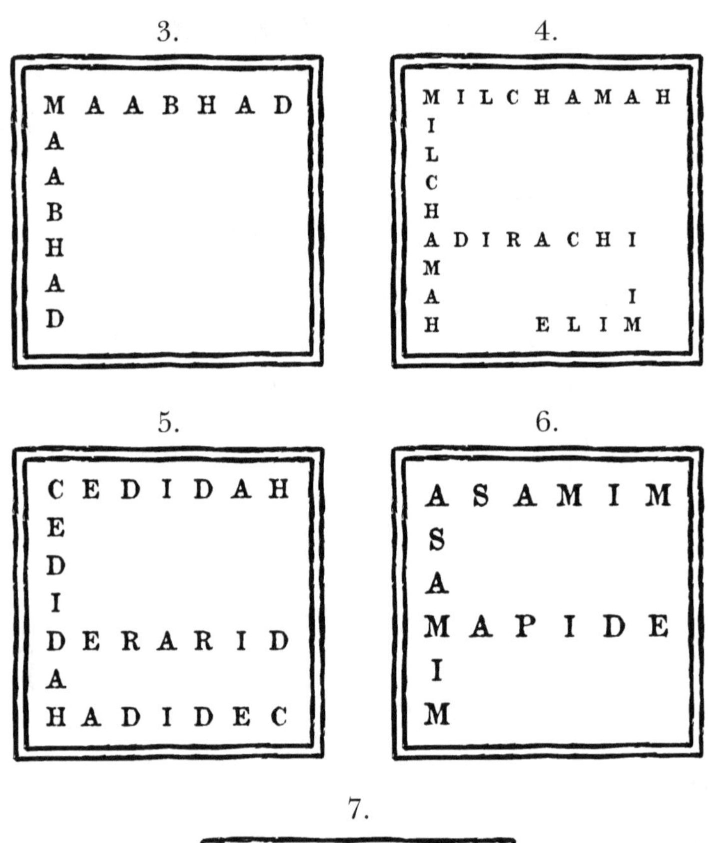

3.
MAABHAD
A
A
B
H
A
D

4.
MILCHAMAH
I
L
C
H
A   DIRACHI
M
A   I
H   ELIM

5.
CEDIDAH
E
D
I
D   DERARID
A
HADIDEC

6.
ASAMIM
S
A
M   MAPIDE
I
M

7.
MELABAH
E
L
A
B
A
H

CHAPITRE TREIZIÈME

POUR FAIRE QU'UN CORPS MORT RESSUSCITE ET FASSE LES OPÉRATIONS QUE FERAIT L'HOMME ÉTANT VIVANT, ET CELA PENDANT SEPT ANS, PAR LE MOYEN DE L'ESPRIT.

1. Depuis le Lever du Soleil jusqu'à Midi.
2. Depuis Midi jusqu'au Coucher du Soleil.
3. Depuis le Coucher du Soleil jusqu'à Minuit.
4. Depuis Minuit jusqu'au Lever du Soleil.

1.

2.

```
A M I G D E Lo
M O R B R I Eo
I R I D E R Do
G B D O D B Go
D R E D I R Io
E I R B R O Mo
L E D G I MAo
```

3.

```
I O S U A
O R I L U
S I S I S
U L I R O
A U S O I
```

4.

```
P E G E R
E T I A E
G I S I G
E A I T E
R E G E P
```

CHAPITRE QUATORZIÈME

DES DOUZE SIGNES, POUR LES DOUZE HEURES [129] DU JOUR ET DE LA NUIT, POUR SE RENDRE INVISIBLE À TOUT LE MONDE.

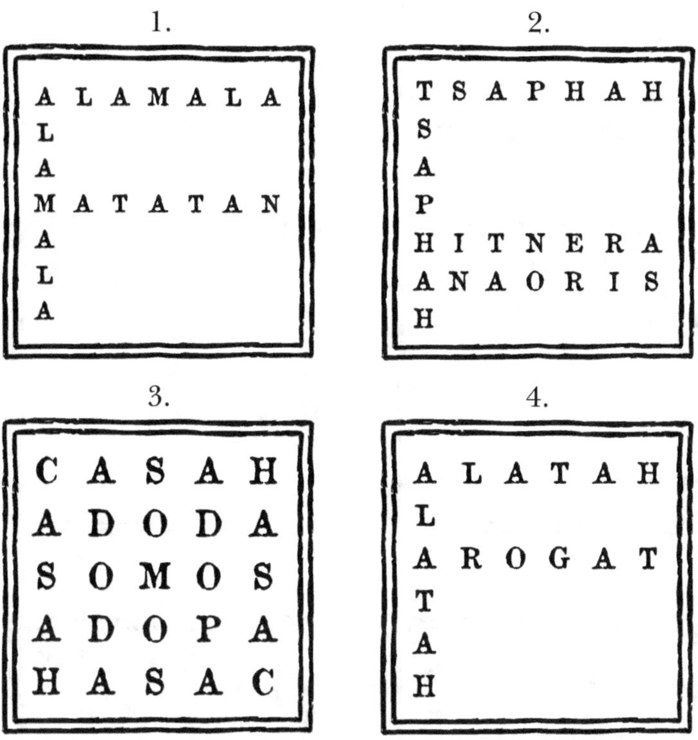

---

129   Les Signes de chaque heure sont interchangeables. L'opérateur utilisera le Signe de la Première Heure autant pour la première heure du Jour que pour la première heure de la Nuit; le Second Signe pour la seconde heure du Jour et la seconde heure de la Nuit, et ainsi de suite.

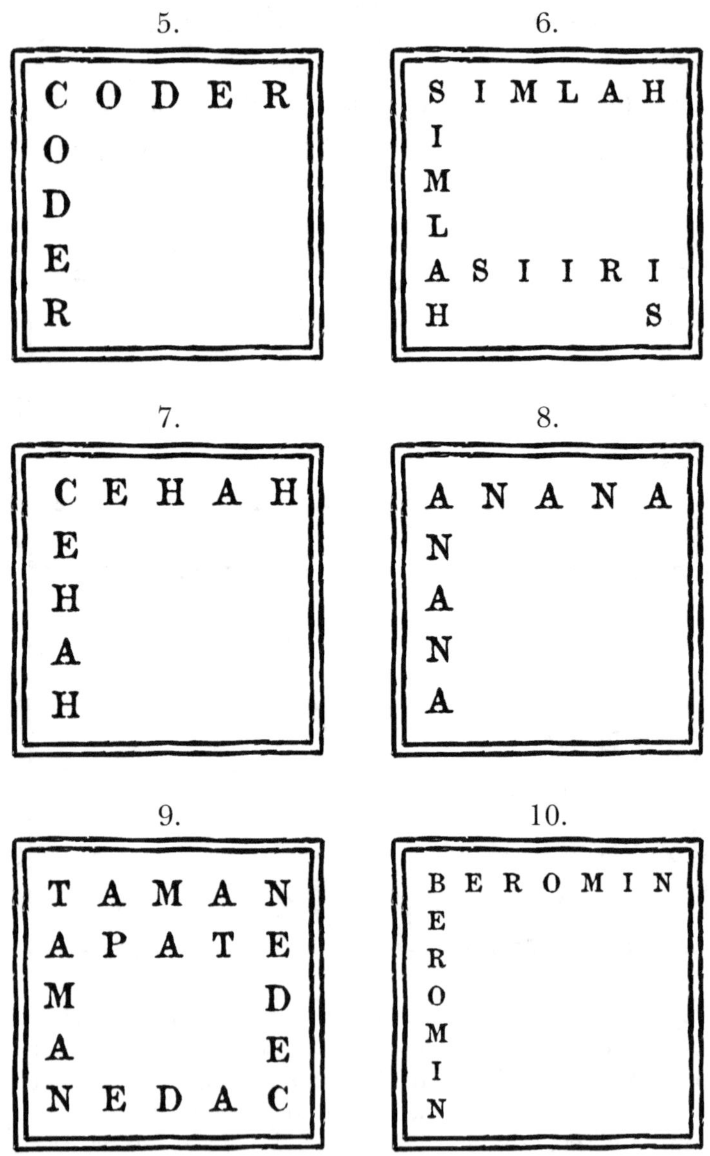

5.
C O D E R
O
D
E
R

6.
S I M L A H
I
M
L
A S I I R I
H S

7.
C E H A H
E
H
A
H

8.
A N A N A
N
A
N
A

9.
T A M A N E
A P A T E
M D
A E
N E D A C

10.
B E R O M I N
E
R
O
M
I
N

11.

12.

CHAPITRE QUINZIÈME

POUR QUE LES ESPRITS NOUS APPORTENT À BOIRE ET À MANGER TOUT CE QUE L'ON PEUT SOUHAITER, ET MÊME TOUT CE QUE NOUS POUVONS IMAGINER.

1. Pour qu'ils nous apportent du pain.
2. De la viande.
3. Du vin de toute sorte.
4. Du poisson.
5. Du fromage.

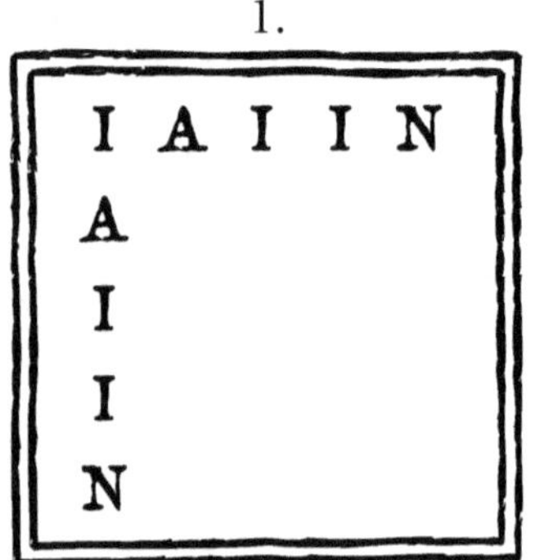

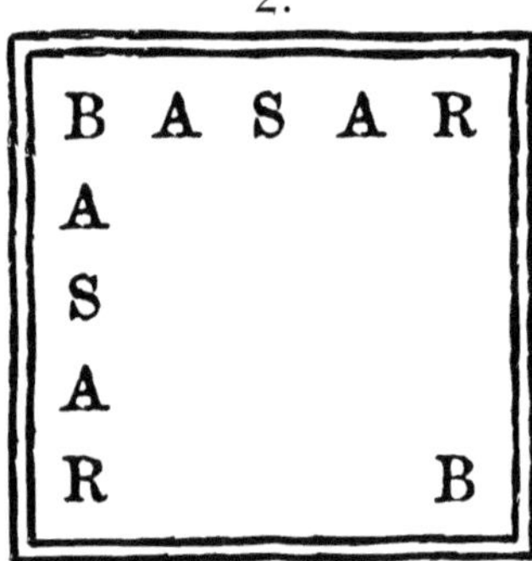

3.

L E C H E M
L
E   C H E M
C   N O   H A H
H
E
M E C H E L

4.

D A C A D
A R A F A
C A M A C
A F A R A
D A C A D

5.

L E B H I N A H
A
N
I
H
B
A   E
H A   L

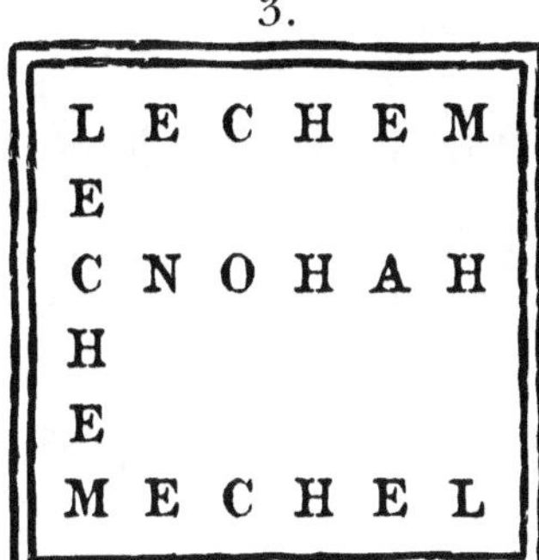

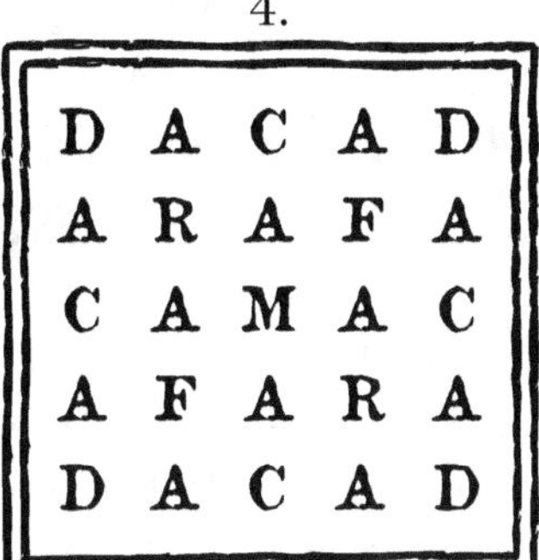

CHAPITRE SEIZIÈME

POUR TROUVER ET PRENDRE TOUS TRÉSORS POURVU QU'ILS NE SOIENT POINT GARDÉS.

1. Pour les Trésors d'argent.
2. En Monnaie d'or.
3. Pour un grand Trésor.
4. Pour un petit Trésor.
5. Pour un Trésor non gardé.
6. Pour Monnaie de cuivre.
7. Pour or en lingots.
8. Pour argent en lingots.
9. Pour des Joyaux.
10. Pour des Médailles antiques.
11. Pour un Trésor caché du particulier.
12. Pour des Perles.
13. Pour des Diamants.
14. Pour des Rubis.
15. Pour des Rubis balais.
16. Pour des Émeraudes.
17. Pour l'or mis en œuvre.
18. Pour vaisselle d'argent.
19. Pour des Statues.
20. Pour des morceaux antiques.

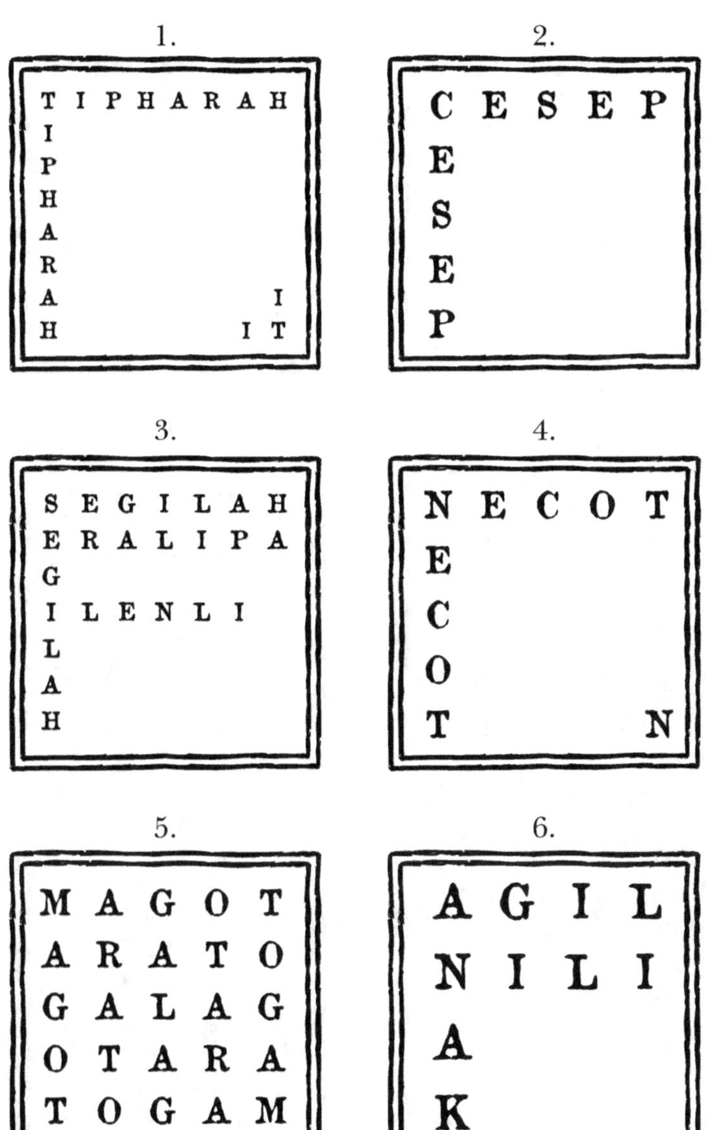

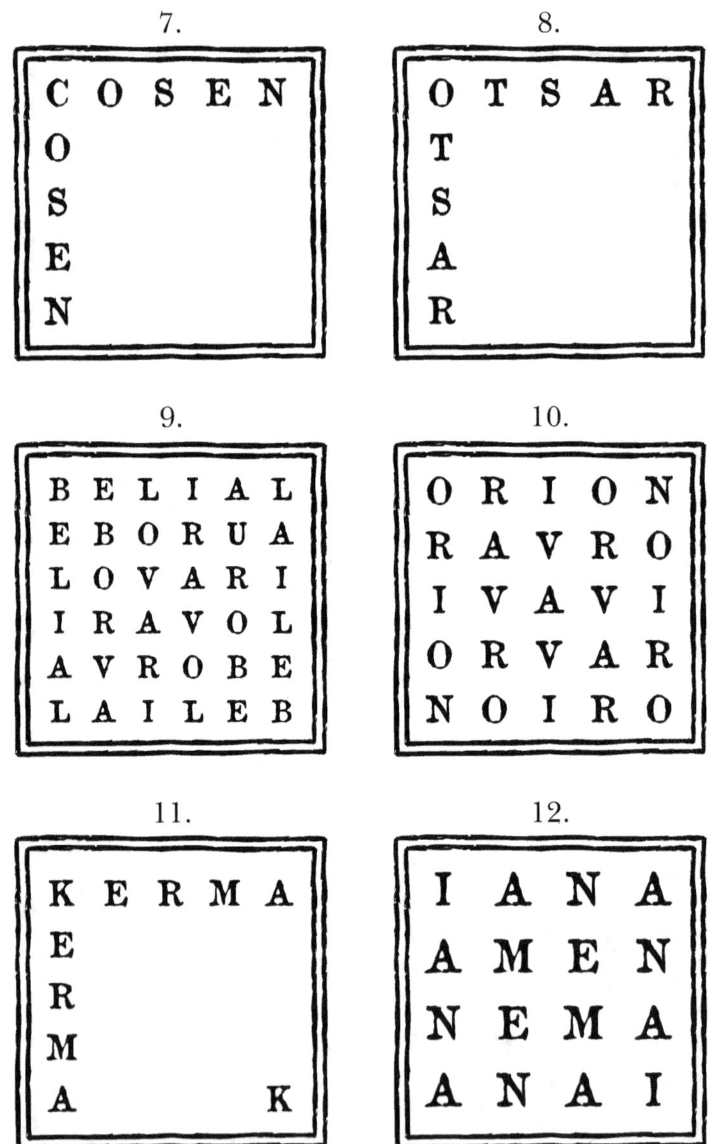

7.
C O S E N
O
S
E
N

8.
O T S A R
T
S
A
R

9.
B E L I A L
E B O R U A
L O V A R I
I R A V O L
A V R O B E
L A I L E B

10.
O R I O N
R A V R O
I V A V I
O R V A R
N O I R O

11.
K E R M A
E
R
M
A   K

12.
I A N A
A M E N
N E M A
A N A I

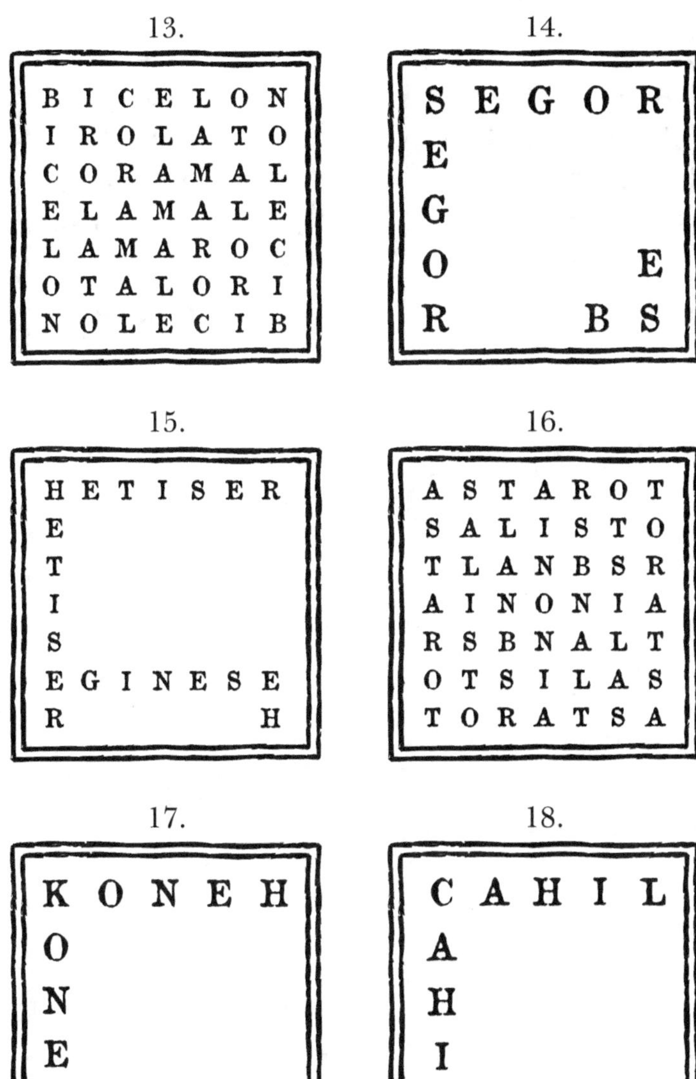
13.
B I C E L O N
I R O L A T O
C O R A M A L
E L A M A L E
L A M A R O C
O T A L O R I
N O L E C I B

14.
S E G O R R
E
G
O E
R B S

15.
H E T I S E R
E
T
I
S
E G I N E S E
R H

16.
A S T A R O T
S A L I S T O
T L A N B S R
A I N O N I A
R S B N A L T
O T S I L A S
T O R A T S A

17.
K O N E H H
O
N
E
H K

18.
C A H I L
A
H
I
L

19.

```
A R I T O N
R O C A R O
I C L O A T
T A O L O R
O R A C O R
N O T I R A
```

20.

```
O R I M E L
R E M O R E
I M O N O N
N O N O M I
E R O M E R
L E I N R O
```

CHAPITRE DIX-SEPTIÈME

POUR VOLER DANS L'AIR ET ALLER PARTOUT.

1. Dans un Nuage noir.
2. Dans un Nuage blanc.
3. En forme d'Aigle.
4. En forme de Vautour. [130]
5. En forme de Corbeau. [104]
6. En forme de Grue.

1.

T	A	S	M	A
A	G	E	I	M
S	E	V	E	S
M	I	E	G	A
A	M	S	A	T

2.

---

130   L'ordre du 4e et du 5e Signe est inversé dans le Manuscrit ; 1, 2, 3, 5, 4, 6.

3.

```
H O L O P
O P O L O
L O B O L
O L O P O
P O L O H
```

4.

```
O D A C
D A R A
A R A D
C A D O
```

5.

```
R O L O R
O B U F O
L U A U L
O F U B O
R O L O R
```

6.

```
N A T S A
A R O I S
T O L O T
S I O R A
A S T A N
```

CHAPITRE DIX-HUITIÈME

POUR GUÉRIR DIVERSES MALADIES.

1. Pour guérir la lèpre.
2. Pour les crevasses.
3. Pour les ulcères vieux.
4. Pour les maux pestilentiels.
5. Pour la paralysie invétérée.
6. Pour les fièvres malignes.
7. Pour les douleurs du corps.
8. Pour le mal de mer.
9. Pour les vertiges.
10. Pour le *Miserere* [131].
11. Pour l'hydropisie.
12. Pour toutes sortes de plaies.

---

131   La colique de *miserere* est l'ancien nom d'une maladie mortelle, sorte de péritonite ou d'appendicite aiguë.

3.

M	E	T	S	O	R	A	H
E	L	M	I	N	I	M	A
T	M	A	R	O	M	I	R
S	I	R	G	I	O	N	O
O	N	O	I	G	R	I	S
R	I	M	O	R	A	N	T
A	M	I	N	I	M	L	E
H	A	R	O	S	T	E	M

4.

R	E	C	H	E	M
E	R	H	A	S	E
C	H	A	I	A	H
H	A	I	A	H	C
E	S	A	H	R	E
M	E	H	C	E	R

5.

R	O	K	E	A
O	G	I	R	E
K	I	L	I	K
E	R	I	G	O
A	E	K	O	R

6.

B	E	T	E	M
E	M	E	R	E
T	E	N	E	T
E	R	E	M	E
M	E	T	E	B

7.

B	E	B	H	E	R
E	R	A	O	S	E
B	A	R	I	O	H
H	O	I	R	A	B
E	S	O	A	R	E
R	E	H	B	E	D

8.

E	L	E	O	S
L	A	B	I	O
E	B	I	B	E
O	I	B	A	L
S	O	E	L	E

9.

```
K A D A K A T
A R A K A D A
D A R E M A K
A K E S E K A
K A M E R A D
A D A K A R A
T A K A D A K
```

10.

```
R O G A M O S
O R I K A M O
G I R O R A M
A K O R O K A
M A R O R I K
O M A K I R O
S O M A G O R
```

11.

```
S I T U R
I R A P E
T A R A G
U P A L A
R E G A N
```

12.

```
H A P P I R
A M A O S I
P A R A O P
P O A R A P
I S O A M A
R I P P A H
```

CHAPITRE DIX-NEUVIÈME

POUR TOUTE SORTE D'AFFECTION ET D'AMOUR.

1. Pour être aimée de son Époux.
2. Pour un Amour particulier.
3. Pour être aimé d'une Parente.
4. Pour une Pucelle en particulier.
5. Pour s'acquérir l'affection d'un Juge.
6. Pour se faire aimer d'une Mariée.
7. Pour se faire aimer d'une Veuve.
8. D'une Fille promise.
9. D'une Pucelle en général.
10. D'un Prince particulier.
11. D'un Roi particulier.
12. Pour avoir l'amitié d'un particulier.
13. Pour avoir celle d'un Grand [132].
14. Pour être aimé d'une Femme.
15. Pour se faire aimer des Ecclésiastiques.
16. Pour se faire aimer d'un Maître.
17. Se faire aimer d'une Maîtresse.
18. Se faire aimer des Infidèles.
19. Du Pape, de l'Empereur et Rois.
20. Pour les adultères en général.

---

132   Dans le sens d'une personne influente, distinguée, sans toutefois qu'elle possède un titre de noblesse.

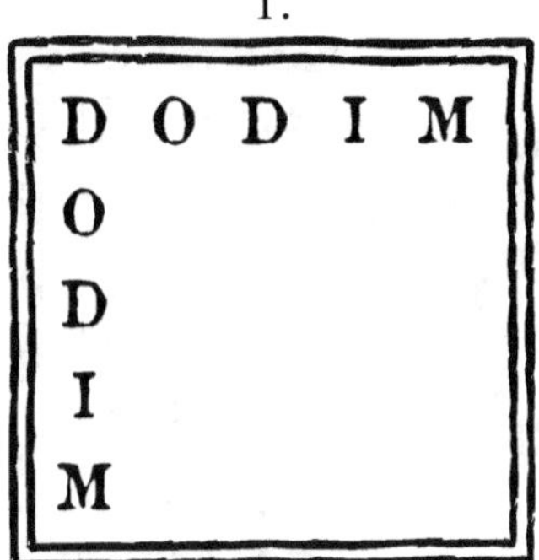

1.

```
D O D I M
O
D
I
M
```

2.

```
R A I A H
A
I G O G I
A
H A I A H
```

3.

```
M O D A H H
O K O R A
D
A
H
```

4.

```
S I C O F E T
I
C E N A L I F
O R A M A R O
F
E
T
```

5.

```
A L M A N A H
L
M A R E
A A L B E H A
N
A R E H A I L
H           A
```

6.

```
C A L L A H
A
L O R A I L
L
A G O U P A
H A L L A C
```

7.

```
E L E M
L
E
M
```

8.

```
N A Q I D
A Q O R I
Q O R O Q
I R O Q A
D I Q A N
```

9.

```
S A L O M
A R E P O
L E M E L
O P E R A
M O L A S
```

10.

```
D E B A M
E R E R A
B E R E B
A R E R E
M A B E D
```

11.

```
A H H B
        E
        A
B       R
```

12.

```
I A L D A H
A Q O R I A
L O Q I R E
D R I I D E
A I R D R O
H A F E O N
```

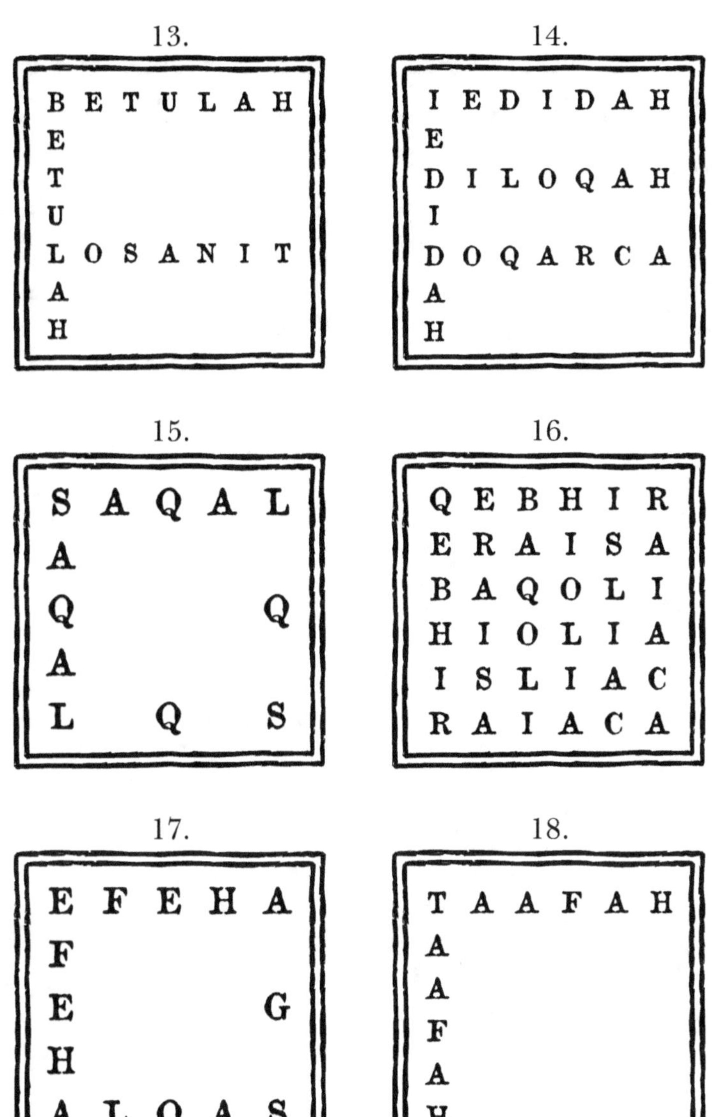

13.
BETULAH
BETULAH
LOSANIT

14.
IEDIDAH
IEDIDAH
DILOQAH
DOQARCA

15.
SAQAL
SAQAL
Q
AL
LQS

16.
QEBHIR
ERAISA
BAQOLI
HIOLIA
ISLIAC
RAIACA

17.
EFEHA
EFEHA
G
H
ALQAS

18.
TAAFAH
TAAFAH

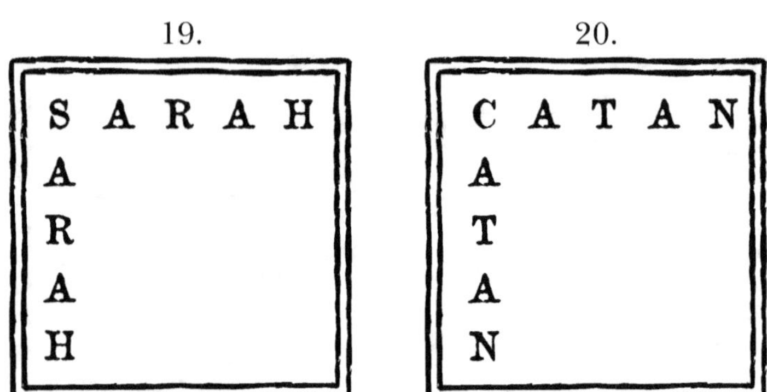
19.
SARAH
A
R
A
H

20.
CATAN
A
T
A
N

CHAPITRE VINGTIÈME

POUR EXCITER TOUTES SORTES DE HAINES, D'INIMITIÉS, DES DISCORDES, DES QUERELLES, DES CONTESTATIONS, DE COMBATS, DE BATAILLES, DE PERTES, DE DOMMAGES.

1. Pour exciter querelles et batteries.
2. Pour les inimitiés en général.
3. Inimitiés des Rois et des Grands.
4. Pour des inimitiés particulières.
5. Inimitiés parmi des Femmes.
6. Pour causer une Guerre générale.
7. Pour rendre malheureux au combat.
8. Pour mettre la discorde dans l'armée.
9. Pour une discorde particulière.
10. Pour mettre la discorde parmi les Ecclésiastiques.
11. Pour toutes sortes de vengeances.
12. Pour causer batailles, pertes, &c.

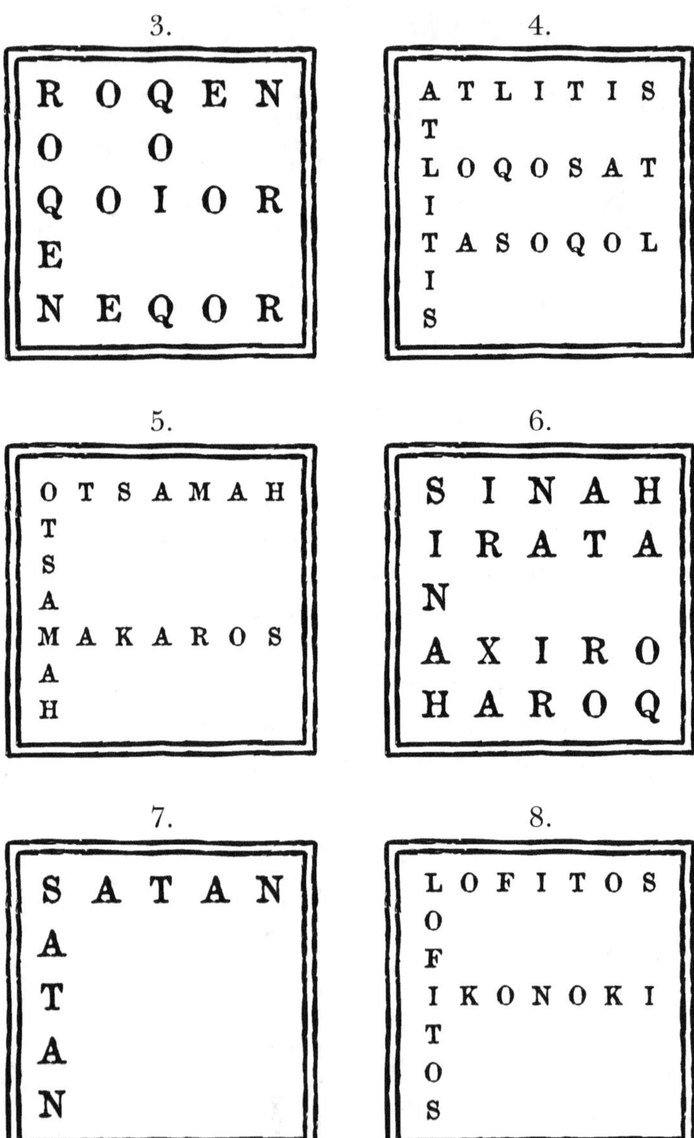
3.
R O Q E N
O   O
Q O I O R
E
N E Q O R

4.
A T L I T I S
T
L O Q O S A T
I
T A S O Q O L
I
S

5.
O T S A M A H
T
S
A
M A K A R O S
A
H

6.
S I N A H
I R A T A
N
A X I R O
H A R O Q

7.
S A T A N
A
T
A
N

8.
L O F I T O S
O
F
I K O N O K I
T
O
S

9.

```
G I B O R
I
B I L E T
O
R
```

10.

```
N O K A M
O R O T A
K O B A K
A T A M O
M A K O N
```

11.

```
K E L I M
E Q I S A
L I V O K
I S O G A
M A K A M
```

12.

```
K E R A B A H
E M I R U T A
R
A R O Q O R A
B
A
H
```

CHAPITRE VINGT-UNIÈME

POUR SE TRANSFORMER ET PRENDRE DIVERSES FIGURES ET FORMES.

1. Pour paraître vieux.
2. Pour prendre la figure d'une Vieille.
3. Pour paraître jeune.
4. Pour se transformer en Fille.
5. Pour paraître un jeune Enfant.

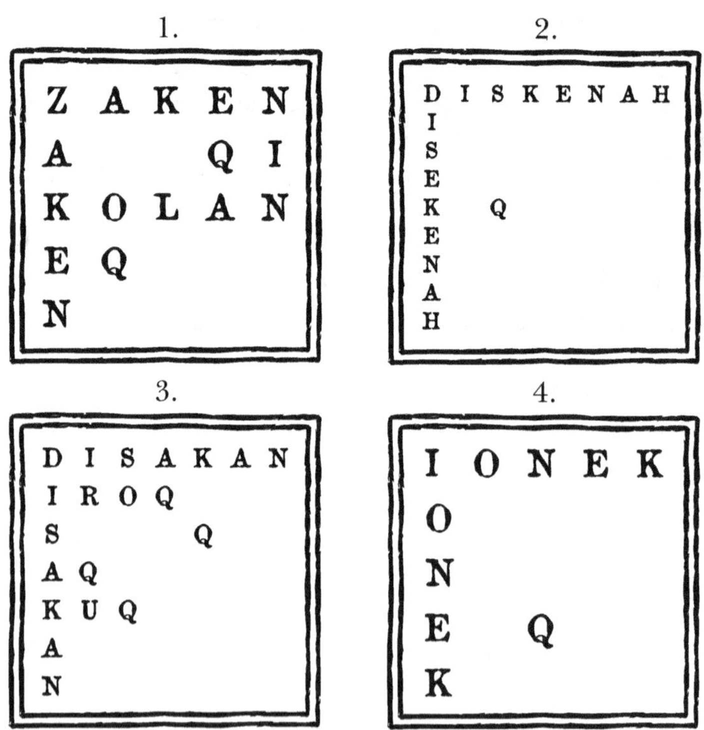

5.

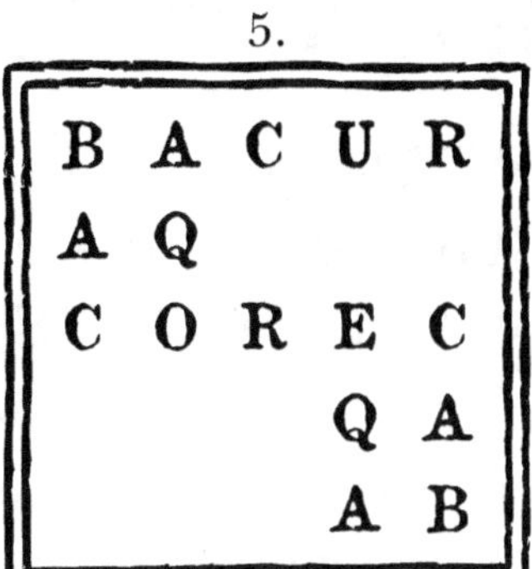

CHAPITRE VINGT-DEUXIÈME

CE CHAPITRE N'EST QUE POUR LE MAL, CAR ON PEUT ENSORCELER AVEC LES SIGNES SUIVANTS ET FAIRE TOUTES SORTES DE MAUX. ON NE DOIT POINT S'EN SERVIR.

1. Pour jeter des Sorts sur les hommes.
2. Pour ensorceler les Bêtes.
3. Jeter un Sort sur le foie.
4. *Ce Signe ne s'en faut jamais servir.*
5. Pour donner un Sort au cœur.
6. A la tête et autres parties du corps.

3.

```
M E B A S I M
E         Q
B
A   Q               Q
S
I
M           Q
```

4.

```
C A S E D
A Z O T E
B O R O S
E T O S A
D E B A C
```

5.

```
L E B H A H
E M A U S A
B
H
A
H
```

6.

```
Q A R A Q A K
Q                 Q
A
R
A
Q
A
K         Q         Q
```

CHAPITRE VINGT-TROISIÈME

POUR DÉMOLIR LES ÉDIFICES ET CHÂTEAUX.

1. Pour faire tomber une Maison.
2. Pour abîmer une Ville.
3. Pour démolir des Châteaux.
4. Pour ruiner des possessions.

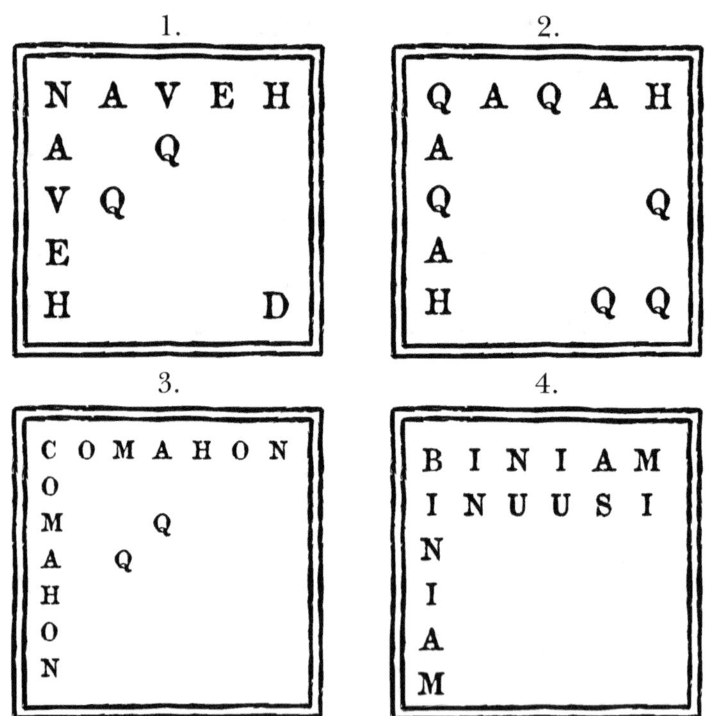

CHAPITRE VINGT-QUATRIÈME

POUR DÉCOUVRIR LES VOLS FAITS.

1. Les Joyaux volés.
2. L'argent comptant.
3. L'or mis en œuvre.
4. Les Ouvrages d'argent.
5. Les Effets en meubles.
6. Les Chevaux et autres Animaux.

1.

```
K I X A L I S
I R I N E Q I
X
A
L           M
I Q
S               K
```

2.

```
Q E N E B A H
E         Q
N             Q
E
B
A
H     Q
```

3.

```
Q E D E S E L A N
E
D
E M A Q A Q A L A
S
E N A Q I R I Q A
L
A               Q
N                   N
```

4.

```
T A L A H
A N I M A
L
A
H
```

5.

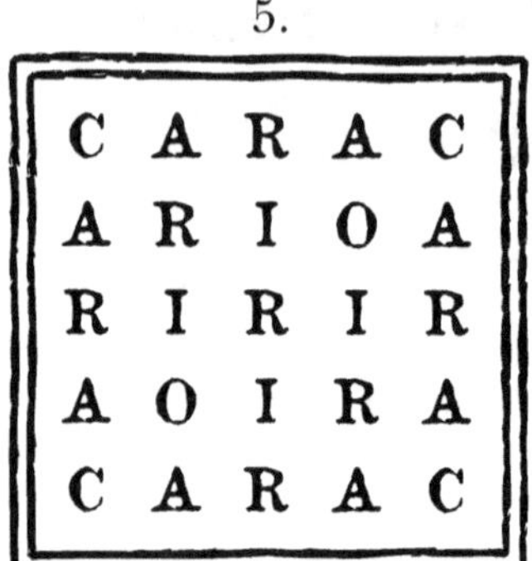

6.

CHAPITRE VINGT-CINQUIÈME

POUR MARCHER ET OPÉRER SOUS L'EAU.

1. Pour nager 24 heures sans se lasser.
2. Pour demeurer sous l'eau 2 heures.
3. Pour rester sur l'eau 24 heures.

1.

```
N A H A R I A M A
A         Q
H                   E
A       Q
R
I
A                 Q
M             Q A
A
```

2.

```
B U R N A H E U
U L O R I P T E
R O M I L A P H
N R I T I L I A
A I L I T I R N
H P A L I M O R
E T P I R O L U
U E H A N R U B
```

3.

```
M A I A M
A
I
A
M
```

CHAPITRE VINGT-SIXIÈME

POUR OUVRIR TOUTES SORTES DE SERRURES SANS CLEF ET SANS FAIRE DE BRUIT.

1. Pour ouvrir les Portes.
2. Pour ouvrir les Cadenas.
3. Pour ouvrir les Charniers.
4. Pour ouvrir les Coffres-forts.
5. Pour ouvrir les Prisons.

1.

```
S A G U B
A
G O R
U       D O
B         S
```

2.

```
R A T O K
A K
T
O       Q U
K         R
```

3.

```
B A R I A C A
A         Q
R
I
A   Q
C
A
```

4.

```
S E Q O R
E
Q     S     Q
O
R   Q     S
```

5.

```
L O H A R A H O S
O                 O
H       Q         H
A   Q       Q     A
R                 R
A                 A
H       A Q       H
O             L O O
S             S   S
```

CHAPITRE VINGT-SEPTIÈME

POUR FAIRE PARAÎTRE DES VISIONS.

1. Pour voir des treilles.
2. Un Palais superbe.
3. Des Prés fleuris.
4. Des Lacs et Rivières.
5. Des Vignes avec leurs raisins.
6. Des grands incendies.
7. Diverses Montagnes. [133]
8. Des Ponts et Rivières.
9. Des bois de divers arbres.
10. Des Grues.
11. Des Géants.
12. Des Paons.
13. Des jardins.
14. Des Sangliers.
15. Des Unicornes. [134]
16. Une belle campagne.
17. Un Jardin fruitier.
18. Un Jardin de diverses fleurs.
19. Faire paraître de la neige.
20. Divers Animaux sauvages.
21. Des Villes et des Châteaux.

---

133   Le Signe SOREK, Mathers place la lettre flottante Q dans la 4ᵉ colonne, vis-avis le E.

134   Le Signe DOBERAH, Mathers place la lettre flottante C dans la 5ᵉ colonne, vis-avis le R.

22. Diverses fleurs.
23. Des Fontaines et Sources claires.
24. Des Lions.
25. Des Oiseaux chantants.
26. Des Chevaux.
27. Des Aigles.
28. Des Buffles.
29. Des Dragons.
30. Des Éperviers et Faucons.
31. Des Renards.
32. Des Lièvres.
33. Des Chiens.
34. Des Griffons.
35. Des Cerfs.

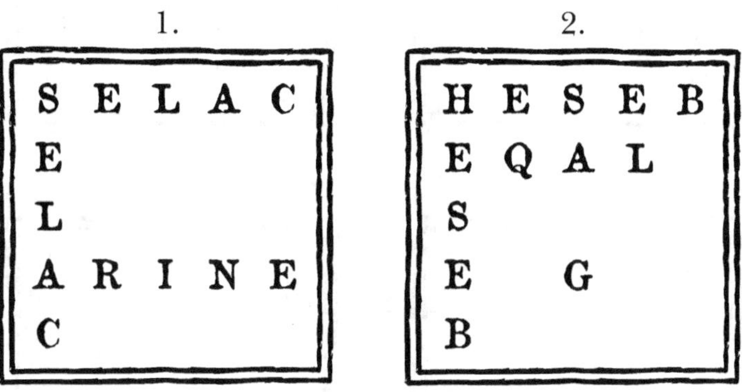

3.

```
A O D O N I A
O       Q
D
O   Q   L   Q O
N       Q
I
A
```

4.

```
A T S A R A H
T O A L I S A
S A D O R I R
A L O T O L A
R I R O D A S
A S I L A O T
H A R A S T A
```

5.

```
A G A M A G A
G
A             A
M
A
G         A
A
```

6.

```
S E L E G
E         Q
L
E Q A Q E
G E L E S
```

7.

```
S O R E K
O
R
E     Q
K
```

8.

```
A K R O P O L I S
K
R
O       Q
P           Q
O
L
I
S
```

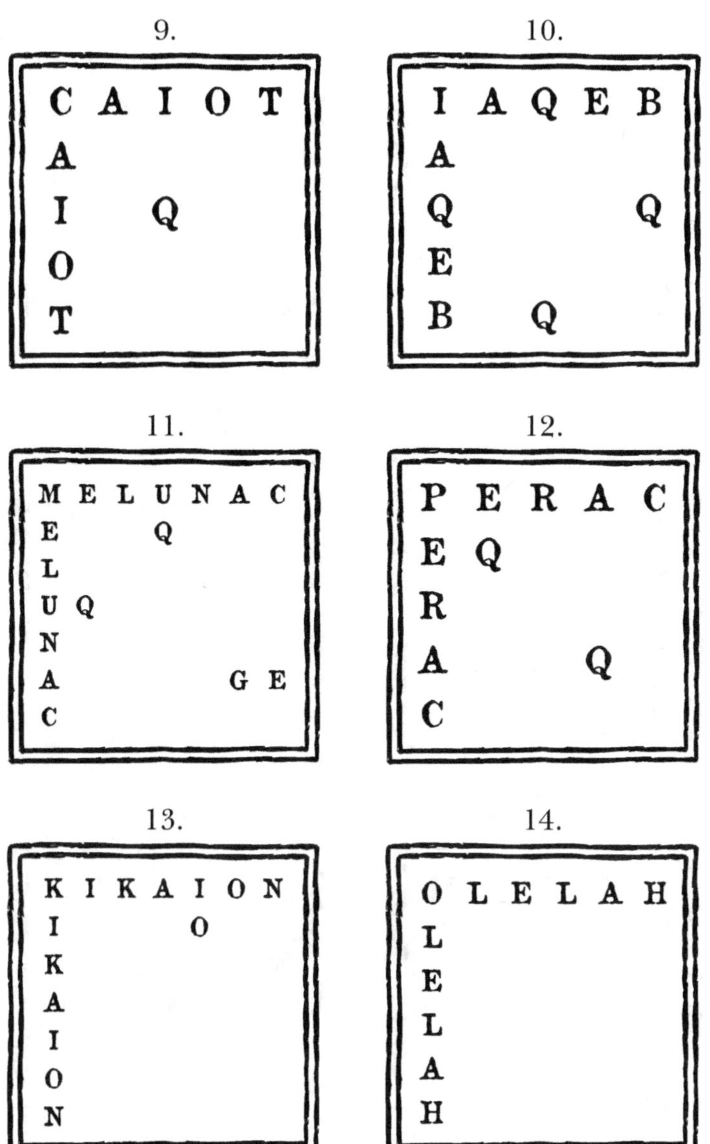
9.
CAIOT
A
I   Q
O
T

10.
IAQEB
A
Q   Q
E
B   Q

11.
MELUNAC
E   Q
L
U   Q
N
A   G E
C

12.
PERAC
E   Q
R
A   Q
C

13.
KIKAION
I   O
K
A
I
O
N

14.
OLELAH
L
E
L
A
H

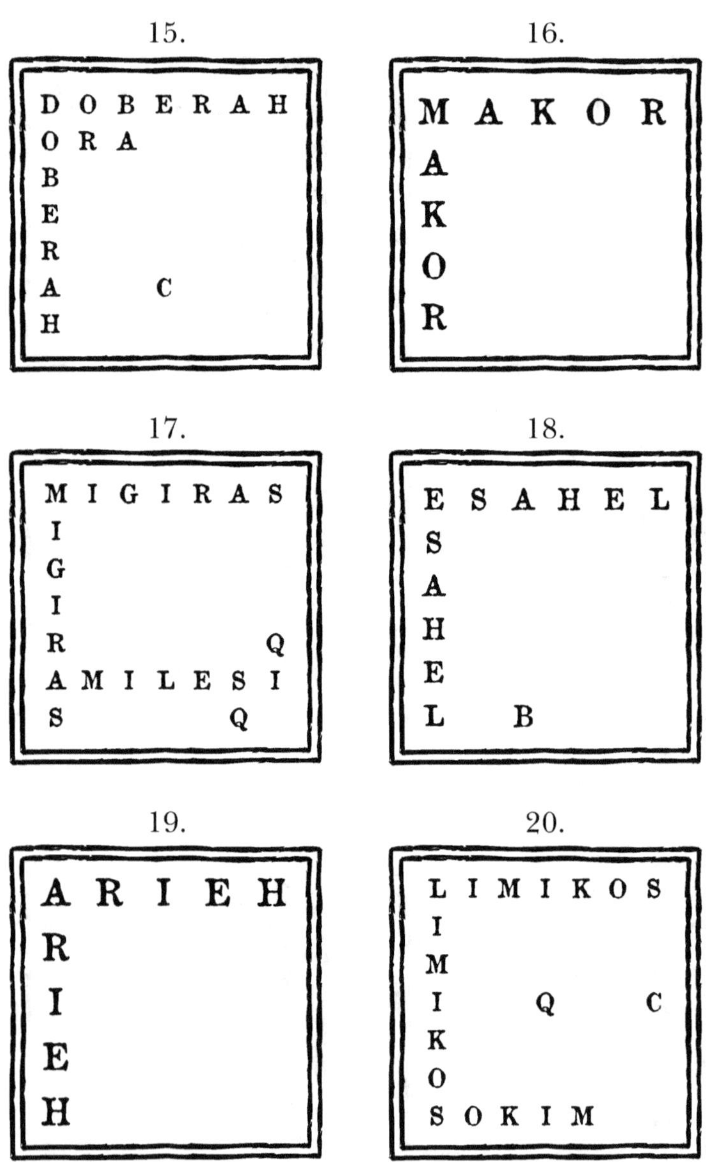
15.
D O B E R A H
O R A
B
E
R
A
H   C

16.
M A K O R
A
K
O
R

17.
M I G I R A S
I
G
I
R   Q
A M I L E S I
S   Q

18.
E S A H E L
S
A
H
E
L   B

19.
A R I E H
R
I
E
H

20.
L I M I K O S
I
M
I   Q   C
K
O
S O K I M

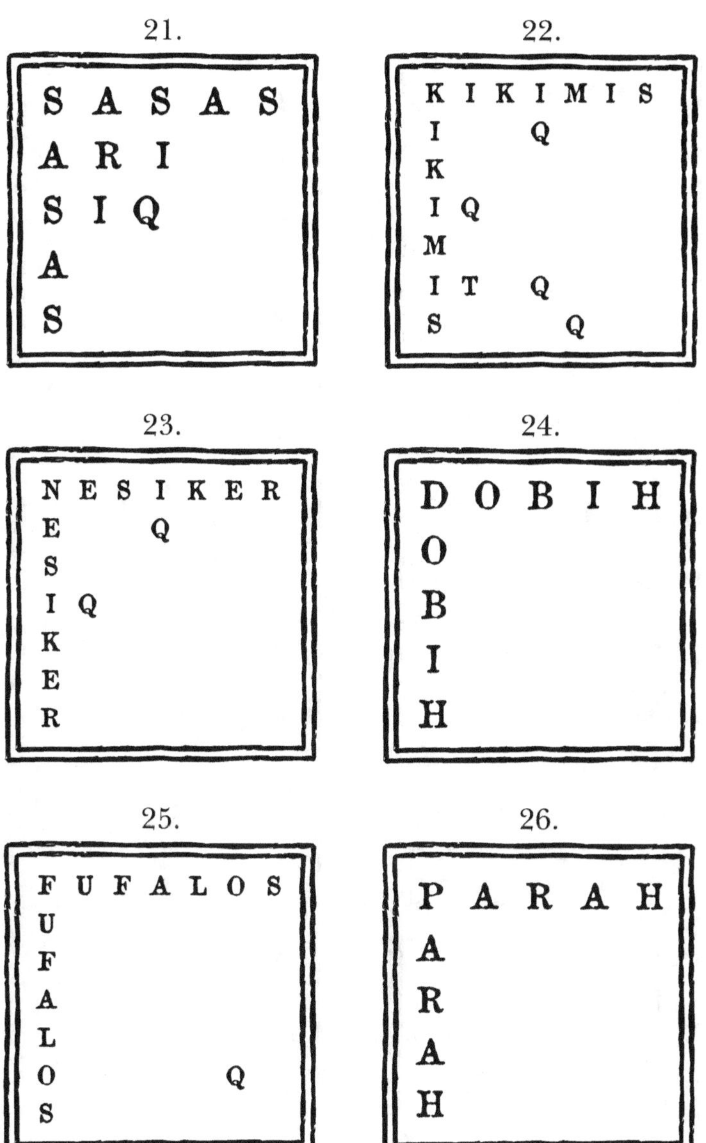
21.
S A S A S A S
A R I
S I Q
A
S

22.
K I K I M I S
I Q
K
I Q
M
I T Q
S Q

23.
N E S I K E R
E Q
S
I Q
K
E
R

24.
D O B I H
O
B
I
H

25.
F U F A L O S
U
F
A
L
O
S Q
S

26.
P A R A H
A
R
A
H

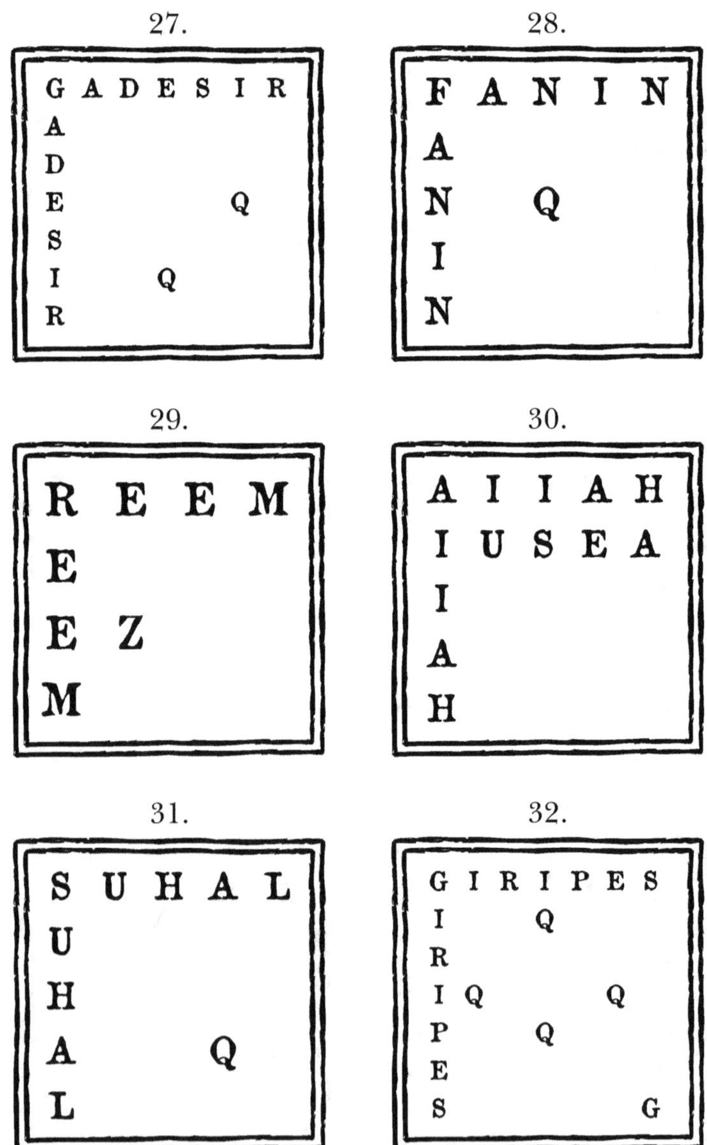
27.
GADESIR
A
D
E   Q
S
I   Q
R

28.
FANIN
A
N   Q
I
N

29.
REEM
E
E Z
M

30.
AIIAH
I USEA
I
A
H

31.
SUHAL
U
H
A   Q
L

32.
GIRIPES
I   Q
R
I Q   Q
P   Q
E
S   G

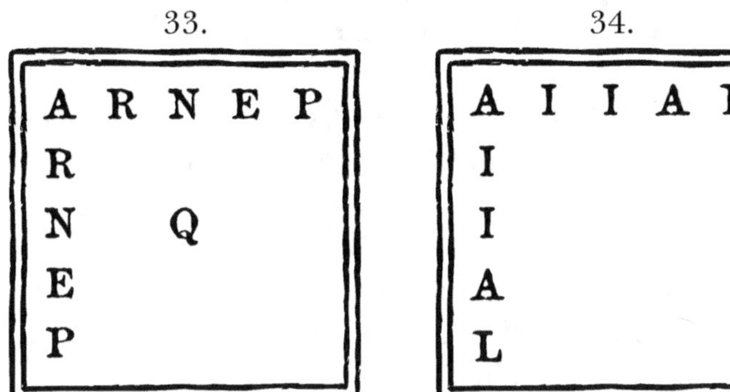

33.   34.

35.

CHAPITRE VINGT-HUITIÈME

POUR AVOIR AUTANT D'OR ET D'ARGENT QUE L'ON VEUT POUR POURVOIR À SES BESOINS ET VIVRE DANS L'OPULENCE.

1. Pour avoir d'or monnayé.
2. Pour avoir d'argent monnayé.
3. Pour avoir d'argent en petites pièces.
4. Pour avoir de la petite monnaie de cuivre.

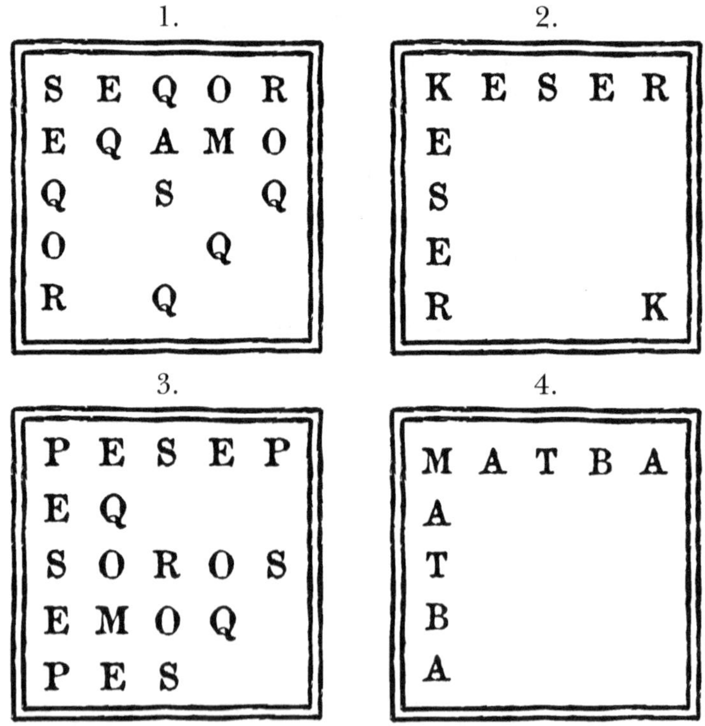

CHAPITRE VINGT-NEUVIÈME

POUR FAIRE PARAÎTRE DES GENS ARMÉS.

1. Pour faire paraître une armée.
2. Des gens armés pour sa défense.
3. Pour faire paraître un siège.

CHAPITRE TRENTIÈME

POUR FAIRE PARAÎTRE DES COMÉDIES, OPÉRAS, ET TOUTES SORTES DE MUSIQUE ET BALS.

1. Pour entendre toutes sortes de Musique.
2. Musique et Bals extravagants.
3. Toutes sortes d'Instruments joués.
4. Comédies, Farces et Opéras.

1.

```
N A G I N A H
A           M
G         G
I
N     Q         G
A
H         Q
```

2.

```
M E K O L A H
E
K
O
L
A
H
```

3.

```
N I G I G I N
I
G
I
G
I
N           FIN DES
```

4.

```
M A C A S E F
E F A R U S E
C A L
A
S
E
F           SIGNES
```

REMARQUES ESSENTIELLES
SUR LES SUSDITS SIGNES

L est certain que parmi les Signes que j'ai décrits ci-dessus, il y en a plusieurs dont on ne peut se servir pour le Mal. J'avoue que c'était mon intention de ne les point mettre ici, mais ensuite, j'ai fait réflexion en moi-même que je ne faisais pas mal ; parce que souvent, les jugements occultes de Dieu permettent qu'arrivent des disgrâces, des empêchements d'infirmités, et autres accidents fâcheux aux mortels, soit pour les éveiller de la léthargie où ils se trouvent de ne point reconnaître leur Créateur, ou pour leur donner occasion dans les afflictions de mériter.

Et quoique Dieu ne puisse faire le mal, mais toujours le bien, néanmoins, on ne peut nier que quelquefois, il laisse agir les Causes Secondes. Les Bourreaux et Exécuteurs de la Justice Divine sont les Esprits Malins. D'où je conclus que, quoiqu'il ne convienne point de faire les Opérations pour le Mal, il y a pourtant des cas qui le permettent ; comme quand il s'agit de sauver et défendre sa propre vie, ou pour éviter un plus grand scandale ou mal, pour empêcher les offenses que l'on fait ou que l'on serait pour faire à Dieu et au prochain, et dans les guerres justes et autres cas semblables.

Mais il est toujours à propos dans de pareils cas de se gouverner selon le conseil et avis ton Saint Ange Gardien. Je les ai aussi écrits par la raison que Dieu ayant donné à l'homme le libre arbitre de mériter et démériter; car, outre cela, ayant fini l'Opération, si tu voulais (qu'à Dieu ne plaise) opérer pour le Mal et abuser des Grâces que Dieu t'a accordées, les Esprits ne seraient que trop prêts à te donner et manifester les Signes et t'accorderont volontiers tout ce que tu leur demanderas. Concernant cette matière, je te répète, crains le Seigneur, aime-le et observe ses Commandements de bon cœur, et tu vivras heureux et contant sur la terre.

Si tu considères mûrement quels sont les points essentiels de cette Opération, tu trouveras être le premier point de faire une ferme, véritable, et réelle résolution de vivre dans une modestie vraiment édifiante, et dans la retraite, autant qu'il le sera possible. Parce que la solitude est la source de plusieurs biens qui sont de s'adonner à l'Oraison et à la contemplation des choses Divines; de fuir les mauvaises conversations; l'occasion du péché; de vivre à soi-même; et s'accoutumer à la continuation d'une vie si régulière, comme si l'on devait aller se présenter devant un grand Roi. Que ne ferait-on pas pour paraître devant lui avec splendeur et magnificence; et qu'elle diligence et soin ne mettrait-on pas en usage pour s'y préparer. Il faut se figurer que la jouissance et la vision des Anges du Seigneur est infiniment au-dessus des Princes de la terre qui, dans le fond, ne sont que vanité, ombre, et une boue très vile de la terre. Or, si pour complaire à ces Princes mortels on commet même des idolâtries ; que doit-on faire pour paraître devant les Saints Anges de Dieu qui représentent la Grandeur de la Majesté de Dieu.

Que chacun tienne pour chose sûre et certaine que la Grâce que le Seigneur nous fait de nous accorder cette Sacrée Science, par le moyen et entremise de ses Saints Anges, est si grande qu'on ne serait l'exprimer.

Il est certain qu'ayant obtenu cette Sacrée Sapience, tu peux en disposer et la communiquer à trois amis. Mais il ne faut pas que tu passes le Sacré Nombre Ternaire, car dans un tel cas, tu en serais privé. Un des plus grands mérites auprès du Seigneur est de faire part à son prochain du bien que Dieu nous a donné. Il faut pourtant observer ce que Dieu commanda à Moïse lorsqu'il lui commanda de donner l'Opération à son frère Aaron, mais qu'il recevrait en signe d'offrande Dix Florins d'or, et qu'il les distribuerait à 72 pauvres de ses propres mains, les obligeant à dire les Psaumes que j'ai déjà dit dans le Second Livre, qui doivent au nombre de 72. Parce que si celui qui reçoit l'Opération ne faisait point cette aumône, l'Opération serait de nulle valeur pour lui. Tu, n'ayant pas encore l'autorité de la donner sans avoir touché les Dix Florins d'or, [tout comme] le Seigneur l'accorda à cette condition à Moïse pour la donner à son frère à Aaron, tu dois faire de même.

J'ai dit aussi les précautions qu'il faut prendre avant de donner cette Sacrée Science, et je répète qu'il faut passer au moins Six Mois de temps pratiquant souvent, et tâchant dans la conversation de sonder l'inclinaison de celui à qui on veut la donner pour connaître s'il est une personne solide, et la fin pour laquelle il demande cette Science et s'empresse de l'avoir. Que si tu t'aperçois que la personne est légère et inconstante, et qu'elle n'a que des pensées vastes et des mœurs peu bonnes, alors tu temporiseras quelque temps et tu feras naître des causes et des occasions, ou prétextes pour ne pas la lui donner, quoique tu l'eusses promise. Car il vaut mieux s'acquérir les mauvaises grâces d'un homme mortel que celles d'un Dieu Éternel duquel tu as reçu une si grande Grâce. J'ai pourtant expérimenté moi-même, à mon grand étonnement, que croyant de la bien placer en la donnant à une certaine personne que j'estimais, Dieu opéra lui-même et il permit que mon destin ne fut point exécuté, parce que cette personne commença d'elle-même à penser si la chose pouvait être vraie ou non, et il en doutait croyant cela une fable. Et ni ajoutant pas une fois entière, il me fit connaître par ses discours interrompus qu'il n'était pas tel que je le croyais.

Il en arriva de là qu'il tomba dangereusement
malade et moi, à mon tour, je fus réprimandé
par mon Ange qui me blâma du choix que j'avais
fait. Toute la machine mondaine se maintient par
la croyance; celui qui ne croit, souffre dans le
monde et dans l'autre, le châtiment de sa perfi-
die. Je pourrais dire ici beaucoup de choses de
nous autres, mais ayant à passer par les mains de
ton Saint Ange Gardien, tu seras suffisamment
instruit à son temps, par lui, sur ces matières qui
sont jalouses et délicates.

L'Esprit Malin et si subtil, si fin, et si fourbe,
que ce qu'il ne pourra obtenir dans le temps de
la Conjuration, il tâchera de l'avoir *de l'avoir* [*sic*]
dans d'autres occasions, t'offrant ses services.
C'est pourquoi la première chose que tu dois
faire principalement à tes Esprits Familiers, sera
de leur commander de ne te dire jamais aucune
chose [à propos] d'eux-mêmes que [seulement]
lorsque tu les interrogeras, à moins que ce fût
pour t'avertir de choses qui concernent ton utilité
où ton préjudice. Parce que si tu ne leur limites
pas le parler, ils te diront tant de si grandes choses, qu'ils t'offusqueront lentement, et tu ne sauras
à quoi t'en tenir de sorte que, dans la confusion
des choses, ils pourront te faire prévariquer et te
faire tomber dans des erreurs irréparables[135].

---

135   Les Entités démoniaques et inférieures ont cette
fâcheuse tendance à implanter des idées et des doutes dans

Ne te fais jamais prier en aucune chose où tu pourras aider et secourir ton prochain, et n'attends pas qu'il te le demande, mais tâche de savoir à fond la nécessité, quoique cachée, et donne-lui un prompt secours. Et ne t'embarrasse pas s'il est Turc, Payen, Idolâtre, mais fait du bien à tous ceux qui croient n'y avoir qu'un seul Dieu. Sois charitable en particulier envers ceux qui sont dans un extrême besoin, emprisonnés ou malades, et que ton cœur s'attendrisse à les secourir généreusement, car Dieu prend plaisir à voir secourir les pauvres.

Dans le chapitre 28 où est traité de la manière d'avoir de l'argent ou de l'or suffisamment pour subvenir aux besoins dans l'occasion ; il faut que tu saches que la quantité d'or ou d'argent dont tu auras effectivement besoin te sera d'abord apportée, et tu pourras t'en servir pour cette occa-

---

l'esprit de l'opérateur. Passées maîtres dans les *jeux d'esprit*, elles tentent sournoisement de diriger la conversation pour leur seul bénéfice, agissant sur le mental de l'opérateur, afin que ce dernier finisse tôt ou tard par trop réfléchir et remette en question ses désirs et l'authenticité des raisons pour lesquelles il avait évoqué les Esprits en premier lieu. Ces Esprits peuvent aussi demander plus de temps à l'accomplissement d'un désir, prétextant que cela est très exigeant ; qu'ils ont besoin de l'aide de nombreux autres Esprits, bref, toutes sortes de discours pour en arriver à faire croire que les mauvaises décisions, qui seront prises ensuite, proviendront de l'opérateur même, qui ne fut hélas que trop influencé à son insu... et parfois à sa perte.

sion seulement. Et ne t'en servant pas dans les 24 heures, cette somme disparaîtra et tu ne pourras plus t'en servir. Ne crois pas pourtant que cette or soit fantastique, car si tu le dépenses effectivement, et que tu ne thésaurises pas avec, celui qui le recevra de tes mains en pourra jouir et le dépenser à sa volonté, et l'or sera réel pour lui et les autres.

Pour une fois seulement tu peux demander à ton Saint Ange la quantité d'or et d'argent que tu jugeras convenir à ton état et condition. Mes facultés étaient peu de choses ; je demandai à mon Anges 3000 mil Florins d'or, et ils me furent accordés. Je me suis ensuite si bien prévalu de la Sacrée Science et j'ai cru si bien augmenter mes facultés, qu'à présent après avoir marié 3 filles auxquelles j'ai donné 100 mil à chacune, comme tu le verras par mon testament que j'ai fait, je laisse en argent comptant plus d'un million de Florins d'or, outre une grande quantité de meubles précieux. Si j'avais été d'une grande naissance, j'aurais pu demander beaucoup plus et profiter moins. On pourrait me demander : *Eh, comment avez-vous fait pour faire un si grand gain ?* Je réponds à cela que c'est une belle chose que de pouvoir savoir, de science certaine, qu'une telle chose vaut tant ici, et vaut tant ailleurs ; cette année les blés, avoines, et autres denrées seront à bon marché en Italie, seront chers en France &c., le commerce bien mené enrichit tôt.

Pour ce qui concerne la manière de traiter et commander les Esprits, cela est facile à celui qui marche par les voies convenables; et il est très difficile à celui qui par ignorance se soumet à eux. J'ai entendu dire que quelques hommes passaient pour fameux, comme un aveugle d'ACALI, un certain BEARLI, un PIERRE D'ABANO, et plusieurs autres. Eh! combien se trompent ceuxlà. Je ne dis pas que ces hommes ne fissent des choses extraordinaires, mais il faut remarquer leur manière, car leur Science est imparfaite, et leur autorité ne procédait pas de Dieu par l'intermise [entremise] de ses Saints Anges, mais venait immédiatement des Pactes exprès, faits avec le Diable, et par des Livres Consacrés, pleins de mille Conjurations diaboliques, d'Exorcismes impies; et en un mot de choses qui sont contre les Commandements de Dieu et le repos des hommes. Et avec tout cela, leurs Opérations sont destinées à certains temps et heures, et, finalement, le Démon emporte avec lui ces misérables âmes, ce qui arrive que trop souvent. Et c'est la Science de ces hommes qui [les fait] passe[r] pour des savants fameux.

Dans le Premier Livre j'ai fait mention de ce que j'ai rencontré dans mes voyages en Europe. Le véritable commandement est celui qui dépend de Dieu, dans lequel il n'y a aucune dépendance des Esprits imaginables, car en vous servant d'eux, si vous leur faites la moindre soumission, la moindre prière ou honneur, vous vous rendez leurs esclaves, et eux ne vous sont point soumis.

Les Esprits ont une si grande connaissance, qu'ils connaissent fort bien, par nos actions, les dispositions que nous avons et savent nos inclinations, de sorte que dès le commencement ils se préparent à nous faire échouer. S'ils connaissent un homme enclin à la Vanité et à l'Orgueil, ils s'humilient devant lui et poussent l'humilité jusqu'à eux-mêmes, jusqu'à l'idolâtrie ; et cet homme-là s'en fait une gloire et s'enorgueillit, et ne finit pas sans leur commander des choses particulières dans une telle manière d'où ensuite en dérive le péché qui rend l'homme esclave du Démon.

Un autre sera atteint d'Avarice, alors s'ils n'y prend bien garde les Esprits Malins lui proposeront mille manières d'accumuler des biens, et se rendre riche par des voies indirectes et injustes, dont la restitution totale et ensuite difficile, et même impossible de cette manière ; celui qui, dans un tel, cas se trouve toujours esclave des Esprits.

Un autre sera un homme lettré, les Esprits lui inspireront la présomption et il croira alors d'être plus savant que les Prophètes mêmes ; bien plus, ils tâcheront de l'induire à des points très subtils en matière de choses appartenant à Dieu, et le feront tomber dans mille erreurs, lesquelles voulant après soutenir bien souvent nient Dieu et ses Hauts Mystères.

Les causes et les choses dont ils se servent pour faire trébucher l'homme sont infinies, principalement lorsque l'homme entreprend de les soumettre à ses commandements. C'est pourquoi il est très nécessaire d'être sur ses gardes et de se méfier de soi-même.

Le Véritable Commandement sera celui qu'on fera lorsque le commandant aura mûrement réfléchi et considéré qui est lui-même, et celui qui doit le servir et obéir. Et si un homme mortel n'ayant pas de son côté l'appui de la Puissance et de la Volonté du Seigneur, aura[-t-il] assez de force à commander les Esprits et les contraindre à lui obéir, [eux] qui ont la même Vertu et Puissance que Dieu leur a accordé, n'en ayant rien perdu, et qu'ils sont Esprits de Dieu, et si différents de toi qui est tiré de la boue comme l'or l'est du plomb. Et que leur péché est notoire pour lequel ils furent chassés du Ciel. Figure-toi aussi qu'un Esprit qui, de lui-même est toute Vanité, ne voudra pas se soumettre à toi de lui-même sans une force supérieure, et il ne voudra point t'obéir, ni servir.

Qui réfléchira et résonnera sur cette particularité connaîtra que toute chose nous vient de Dieu, et qu'il est celui qui veut et commande que les Esprits Malins nous soient soumis. Si donc toutes choses dépendent du Seigneur, sur quoi te fonderas-tu, homme, d'être capable de toi-même de dominer les Esprits ?

Il est certain qu'une telle entreprise ne peut point réussir sans la perte de la propre âme. Donc, par la Vertu de ce Dieu qui les soumet à ses pieds, *Donec ponam inimicos tuosscabellum pedum tuorum*[136], tu les commanderas comme te sera précisément ordonné par ton S^ت Ange.

Et ne te familiarise pas avec eux, car ils ne sont pas de petits chiens. Tiens ton sérieux. Et d'un air d'autorité fais-les obéir, et garde-toi bien d'accepter la moindre offre qu'ils te feront d'eux-mêmes ; et traite-les en [tant que leur] Maître, et sans occasion tu ne les molesteras point[137], et ordonne-leur d'exécuter tes commandements de point en point sans y ajouter ou diminuer aucune chose imaginable.

Et où tu pourras te servir des Esprits Inférieurs, tu ne solliciteras point les Supérieurs. Et parce que tous n'ont pas une même vertu, tu

---

136   Vient du Psaume 110 de David, *Dixit Dominus*.

David canticum dixit Dominus Domino meo sede a dextris meis *donec ponam inimicos tuos scabillum pedum tuorum.*	De David. Psaume. Parole de l'Eternel à mon Seigneur : Assieds-toi à ma droite, *Jusqu'à ce que je fasse de tes ennemis ton marchepied.*

137   Il est important que l'opérateur soit reconnu comme dépositaire de la Force Divine et, qu'en ce sens, il agisse envers les Esprits avec respect et autorité. Maître absolu, il se doit, tout comme le divin qu'il représente, conserver son calme, son tact, sa prestance et ne pas tomber inutilement dans les excès et les injures.

prendras garde de ne point commander à un ce qui appartient à un autre. Et parce que ce serait impossible que je puisse décrire la qualité, vertu, et faculté de chaque Esprit, tu dois expliquer à cela et aiguiser ton esprit. Et en la première demande que tu feras aux Quatre Esprits Princes Suprêmes et aux Huit Sous-Princes, tu leur demanderas des Esprits les plus habiles, desquels tu feras un registre pour prendre la pratique que je te décris dans le 3ᵉ Livre où tu trouveras les Signes de plusieurs Esprits.

Mais comme les matières des humeurs pesantes et occasions qui naissent journellement sont différentes, par cette raison, un chacun se procurera ceux qui seront de son génie et propre pour les choses auxquelles tu voudras les employer. Et lorsque tu verras une extrême résistance à opérer de quelques Esprits, après que tu lui auras donné les instructions convenables ne pouvant pas exécuter ce que tu lui auras ordonné; dans un tel, cas tu convoqueras les Esprits Supérieurs et leur en demandant d'autres qui soient capables de te servir dans ton besoin[138]. Et dans tous les cas, tu te serviras de la puissance et du com-

---

138   Il est impératif que l'opérateur sache faire la part des choses, et qu'il puisse découvrir si l'Esprit est réellement incapable d'exécuter un ordre ou s'il tente simplement de temporiser et gagner du temps, en s'obstinant contre la volonté de celui qui mène l'Opération.

mandement de ton St Ange. Ayez toujours continuellement la crainte de Dieu devant les yeux ; et [tu] tâcheras d'obéir à ses Commandements, et à ceux de ton Saint Ange. Ayez toujours dans votre cœur ses Saintes Instructions ; ne te soumets jamais aux Esprits Malins pour la moindre chose, quand même elle serait de ton utilité propre et de celle de ton prochain. Au reste, sois certain qu'il t'obéiront si parfaitement et réellement qu'il n'y aura aucune Opération, quelque grande ou difficile qu'elle puisse être, que tu n'amèneras glorieusement à sa fin, ce que j'ai fait moi-même. Pour ce qui regarde le service que tu dois rendre à ton prochain dans ses besoins, tu dois le faire avec ardeur et ne point attendre qu'il te le demande, et tâche de t'informer dans son besoin pleinement pour y parvenir.

Tu auras soin de soulager les infirmes et les malades et de travailler à leur guérison ; et prendras garde de ne point faire les bonnes œuvres pour t'attirer des louanges et faire parler de toi dans le monde. Tu peux faire semblant que tu fais cela par des remèdes ordinaires, par des Oraisons ou quelques Psaumes, ou par le moyen d'autres choses semblables.

Tu dois être fort circonspect à te découvrir de telles matières à des Princes souverains, et dans cette particularité tu ne feras rien sans consulter ton bon Ange ; parce que c'est une certaine espèce de génération qui n'est jamais contente, outre ce qui se fait par une pure curiosité, les Princes les regardent comme un devoir est une obligation. Et ce qu'il y a de certain, c'est que celui qui possède cette Sacrée Magie n'a aucunement besoin d'eux. Ils sont même naturellement portés à demander toujours des choses préjudiciables, qu'en les accordant, on offense le Seigneur, sinon [les refusant] ils sont vos ennemis déclarés. Or, mon sentiment sera toujours celui de leur rendre des services de loin.

Il n'y a rien qui plaise tant aux Anges que de leur demander des Sciences, et pour moi je pense qu'il n'y a pas un plus grand plaisir que celui de savoir lorsque l'on apprend de tels Maîtres.

J'ai exhorté et j'exhorte à la vie solitaire, qui est la source de tous les biens. Il est vrai qu'il est difficile de s'y accoutumer, mais une fois que tu auras obtenu la Sacrée Science et Magie, viendra de toi-même l'amour de la retraite et [tu] fuiras volontiers le commerce et la conversation des hommes, car le plaisir et le contentement dont tu jouiras lorsque tu seras possesseur de cette Science sera si grand que tu mépriseras tout divertissement, promenades, richesses et toute autre chose quelque attrayante qu'elle soit.

Il sera permis, pour une seule fois seulement, d'obtenir des facultés et des biens proportionnés à sa qualité et état, desquels ensuite on s'en servira en les dispersant libéralement pour ses propres besoins et pour son prochain, lui faisant part dans ses besoins des biens que Dieu aura donnés ; car celui qui s'en servira en mal se rendra incapable d'obtenir de Dieu d'autres grâce et bienfaits.

L'Enfant qu'on doit choisir pour une plus grande sûreté de la réussite de cette Sacrée Science doit être né d'un mariage légitime, et que le père et la mère soient aussi légitimes. Il doit être âgé de six à sept ans, faut qu'il soit vivace et spirituel, qu'il ait la parole claire et facile [et] qu'il prononce bien. Tu le prépareras quelque temps avant de commencer l'Opération, et le tiendra prêt pour le besoin. Je serais d'avis qui fussent deux[139] à cause des accidents qui pourraient arriver, par maladie, par mort, ou autre chose semblable. Tu l'amorceras en lui donnant des choses puériles pour l'amuser et l'avoir prêt lorsqu'il le faudra. Mais il ne faut point lui dire à quoi il doit servir, afin qu'étant interrogé par ses parents, il ne puisse rien rapporter. S'il était un propre Enfant ce serait encore mieux[140]. On doit être certain que par ce moyen on parvient à la possession de la Sacrée Science ; car où manque celui qui opère, l'innocence de l'Enfant y supplie, et les Sts Anges se plaisent beaucoup dans cette

---

139   D'avoir recours à deux Enfants pour l'Opération, l'un étant substitut en cas de besoin.

140   Possiblement dans le sens d'orphelin.

pureté. On ne doit point admettre des femmes en cette Opération [141].

Tous les habits et hardes dont on se sert pendant les Six Lunes, si vous devez continuer à rester dans la même maison où vous aurez fait l'Opération, il faut les conserver parce qu'ils sont toujours bons, mais lorsque tu ne t'en serviras plus, ni de l'Oratoire, tu les brûleras et enseveliras les cendres dans un lieu secret.

Il faut maintenant te donner un peu de lumière et te déclarer la qualité et bonté des Esprits, et en quoi tu peux précisément t'en servir avec sûreté pour réussir. Il faut pourtant que tu prennes garde que chaque Esprit a une grande quantité d'Esprits Inférieurs qui lui sont sujets. Je veux dire que pour des choses basses, viles, de peu de conséquences, les Esprits Supérieurs ne les exécuteront pas, mais les fera exécuter par ses Inférieurs avec toute ponctualité. Et cela n'importe pas à celui qui opère pourvu que son commandement soit exécuté et qu'il soit obéi ponctuellement.

---

141   En guise de médium à la place de l'Enfant.

ORDRE DE LA P^{RE} HIÉRARCHIE

[SÉRAPHINS, CHÉRUBINS ET TRÔNES]

Les Esprits Séraphins servent à te faire respecter et aimer pour les œuvres de charité, pour ceux qui regardent les honneurs et autres choses semblables. En matière de conséquences [ils] servent eux-mêmes, mais pour des choses basses et charnelles, [ce] sont leurs sujets qui servent et opèrent.

ORDRE DE LA 2ME HIÉRARCHIE

LES DOMINATIONS, LES VERTUS ET LES PUISSANCES

La propriété des Dominations est de dominer ; de procurer la liberté ; de vaincre des ennemis ; de donner de l'autorité sur les Princes et sur toutes sortes de personnes, même les Ecclésiastiques.

Les Vertus sont propres à donner la force en toute chose, tant en Guerre qu'en Paix ; et dans toutes les Opérations concernant la santé des hommes, et dans toutes les maladies auxquelles l'heure fatale n'est point prescrite.

Les Puissances ont la domination sur tous les Esprits Inférieurs ; c'est pourquoi ils peuvent servir en toutes choses en général, bonnes ou mauvaises ; et ils sont dévots en toutes choses en général, bonnes ou mauvaises ; et ils sont droits dans l'exécution, fort ponctuels, et fort prompts et exacts dans leurs Opérations.

ORDRE DE LA 3ᵉᵐᵉ HIÉRARCHIE

PRINCES, ARCHANGES, ANGES

Les Princes contiennent les Esprits capables de donner des Trésors et des richesses et ceux-ci servent, ou leurs dépendants, dans toutes les Opérations, étant une masse composée de différents Ordres, et ils sont assez véridiques.

Les Archanges sont propres à révéler toutes choses Occultes et toutes sortes de Secrets, comme des points obscurs de Théologie et de la Loi. Ils servent avec grande diligence.

Les Anges en général opèrent chacun selon sa qualité. Il y en a un nombre infini à ceux-ci. Ils commandent les 4 Princes et les 8 Sous-Princes dans toutes sortes d'Opérations. Ceux-ci, ayant prêté leur Serment, observent ce qu'ils ont promis pourvu que l'Opération qu'on leur demande soit de leur compétence.

Pour faire rentrer l'Esprit dans un corps mort est une Opération très grande et pénible, parce que pour ce faire, doivent opérer les 4 Princes

Souverains. Et il est nécessaire de prendre garde et d'avertir qu'on ne doit point commencer cette Opération sinon [que] lorsque le malade est prêt à mourir, et qu'on désespère de sa vie. Il faut faire en sorte que l'Opération soit faite un peu avant que le malade rende l'âme, et feras tout ce que nous avons dit dans le 2ᵉ Livre.

Mais cette Opération, on ne doit pas la faire pour se divertir ni pour toutes sortes de personnes, mais seulement dans une occasion qui soit plus que nécessaire. Je ne l'ai faite cette Opération que deux fois en ma vie, savoir, une fois pour le Duc de Saxonie, et une autre fois pour une dame que l'Empereur Sigismond aimait passionnément.

Les Esprits Familiers sont très prompts et ils peuvent exécuter, d'une manière plus que particulière, les mécaniques auxquelles il est bien de les occuper ; comme dans la peinture ; histoire ; pour faire des statues ; des horloges ; des armes ; et autres choses semblables ; concernant la chimie ; leur faire faire le commerce sous la forme d'autres personnes ; leur faire transporter des marchandises ou autres effets d'un lieu à l'autre ; les employer à causer des querelles, des batteries, des homicides, et toutes sortes de maux et maléfices ; apporter des lettres d'avis en toutes sortes de pays ; à délivrer des prisonniers ; et à mille autres choses que j'ai souvent expérimentées.

Il faut traiter les Esprits selon leurs qualités et faire distinction d'un Esprit grand, d'un vil, mais en manière que tu conserves toujours sur eux cette domination qui convient à celui qui opère. Tu ne leur donneras aucun titre[142] en parlant à eux-mêmes, mais leur diras tantôt *vous* tantôt *tu,* et ne chercheras jamais des termes pour leur complaire et auras toujours avec eux un air fier et impérieux[143].

Il y a quelques petits Esprits terrestres qui sont détestables. Les Sorciers et Magiciens Nécromanciens se servent ordinairement d'eux, car ils n'opèrent uniquement que le Mal et les choses mauvaises, et pernicieuses, et ils n'apportent aucune utilité. Celui qui opère, s'il voulait, en pourrait avoir un million, mais la Sacrée Science qui opère tout autrement que la Nécromancie ne permet point de se servir que de ceux qui seront contraints par Serment à vous obéir.

Tout ce qui a été dit et fait jusqu'ici doit suffire. Et il ne faut pas douter aucunement que celui qui exécutera de point en point toutes les choses,

---

142   Il faut éviter les titres de noblesse, tels que Rois, Ducs, Princes, et tous ceux que l'on retrouve généralement dans les grimoires. Parce que l'usage de tels titres servent à démontrer une certaine supériorité, l'opérateur se passera donc de ces courtoisies.

143   Au risque de contredire Abraham, il vaut mieux s'en tenir à un comportement ferme et autoritaire, mais tout en demeurant poli et respectueux, tout comme un parent parlerait à son enfant. L'opérateur a tout à perdre à se donner des airs supérieurs et hautains.

et qui sera dans une intention droite de se servir de cette Sacrée Science en l'Honneur et Gloire de Dieu Tout-Puissant pour sa propre utilité, et celle de son prochain, parviendra à la possession d'icelle avec facilité, et toute chose la plus difficile lui paraîtra aisée.

Mais la nature humaine est si dépravée et corrompue, et si différente à celle que le Seigneur a créée, que peu de personnes, pour ne pas dire aucune, marchent dans la droite Voie. Il est aisé à prévariquer, et très difficile à ne pas manquer une Opération qui demande tout l'homme en entier. Et pour ne point intimider celui qui se résoudra à l'entreprendre, je lui mets ici par écrit les difficultés, les tentations, et occasions qui lui seront causées par leurs propres parents. Et le tout sera occasionné par les Esprits Malins pour éviter de se soumettre, et de s'humilier, et assujettir à l'homme, son plus grand ennemi, puisqu'ils le voient en état de pouvoir parvenir à la jouissance de la Gloire Éternelle, qu'eux-mêmes ont seulement perdue ; et leur rage est si grande et leur douleur si vive, qu'il n'y a au monde aucun mal qu'ils ne fussent prêts à exercer, si Dieu le leur permettait, étant toujours portés à la destruction du genre humain.

Il est pour cela nécessaire de prendre courage et faire une constante résolution de résister à toute chose avec intrépidité, et de vouloir obtenir de Dieu une si grande Grâce malgré les hommes et le Démon. Et tu arrangeras telle-ment tes affaires auparavant qu'elles ne puissent te détourner aucunement, ni t'apporter aucune inquiétude pendant le temps de Six Lunes, pendant lequel temps le plus grand assaut et dommage qui pourra t'arriver sera que l'Ennemi, fin et rusé, te fera tomber entre les mains des Livres et des personnes maudites, qui par des voies et détours diaboliques tâcheront de te détourner de cette entreprise, quoique commencée, te proposant des choses qui en apparence te sembleront d'une plus grande conséquence, mais qui dans le fond seront bâties sur des mauvais fondements. Il faut s'opposer à ces accidents fâcheux, suivant les amples instructions que je t'ai données, en les éloignant de toi avec douceur et tranquillité pour ne donner matière à l'Ennemi d'exercer les fraudes pour t'interrompre.

Tes parents aussi étonnés de ta manière de vivre et de ta retraite, feront tous leurs efforts pour tâcher d'en savoir la cause. Il faut les satisfaire par des paroles pleines d'affection, et leur faire sentir que leur temps et celui qui engendre les changements, et qui fait résoudre les hommes qui ne sont pas tout à fait ignorants à vivre eux-mêmes. Ce qui fut cause qu'un si grand nombre d'hommes fous et doctes se retirèrent dans les déserts, qu'étant séparés des propres parents et du monde, puissent vaquer tranquillement à l'Oraison et prier pour se rendre plus facile la

Grâce du Seigneur à obtenir un don si grand et si parfait.

J'approuve encore que tu aies une Bible en langage vulgaire, et aussi les Psaumes de David pour t'en servir. Quelqu'un pourra me répondre : *J'entends le latin et je n'ai pas besoin de la langue vulgaire*. Je lui réplique que lorsque l'on doit prier on ne doit point s'embarrasser l'esprit dans l'interprétation des Psaumes, car dans le moment on doit être très uni avec Dieu. Et même les Psaumes étant en langue vulgaire, lorsqu'on les lit simplement mieux dans la mémoire, et c'est la véritable manière de prier particulière. Si la personne n'était point lettrée, car en disant les Psaumes en latin on ne sait ce que l'on demande à Dieu.

Finalement, il faut croire que dans ces Trois Livres on n'y trouvera pas la moindre chose qui n'ait un fondement réel est nécessaire. Il faut bien se donner de garde et s'en garantir comme d'un poison mortel, de commencer cette Opération si on n'a pas une ferme résolution de la finir. Parce qu'il en arriverait un très grand mal à celui qui opère, qui se souviendrait que trop qu'on ne doit pas se moquer du Seigneur. Que s'il arrivait que Dieu par sa volonté et commandement te visitât est affligea de quelque maladie qui te rendit incapable à finir l'Opération selon qu'était ton souhait, l'ayant commencée, alors tu, comme serviteur obéissant, te soumettras à sa Sainte Volonté et Commandement, te réservant ses Grâces à ce temps qu'il plaira à la Divine Majesté de t'accorder, et cesseras ton Opération pour la finir dans une autre occasion favorable. Et en attendant, tu vaqueras à la cure de ton corps. Et un tel cas ne doit point t'affliger, car les Secrets de Dieu sont impénétrables, et il fait, permet, et opère le tout pour le mieux, pour notre bien, quoique cela nous soit inconnu.

Ici après, je mettrai la Clef de cette Opération, qui est la seule chose qui facilite cette Opération pour jouir de la vision des Saints Anges. En mettant les Signes[144] ci-après sur le front de l'Enfant et de celui qui opère, comme je l'ai dit dans le Premier Livre auquel je me rapporte. Facilite, dis-je tellement, que de cent, à peine cinq ou six personnes [se rendent] à la possession de cette Sacrée Magie sans cette Clef, par des causes qu'on ne doit point dire.

Et on dira le psaume VI : *Domine, ne in furore tuo arguas me* &c.

Il y a rien au monde que l'on doit tant désirer qu'une Véritable Science, ni rien de plus difficile à obtenir que celle-ci, parce que bien souvent on meurt avant d'y parvenir entièrement.

Celle-ci est la Véritable et Unique Voie de cette Sacrée Science et Magie que le Seigneur nous a accordée par sa pure Miséricorde ; est celle qui

---

144   Les derniers Signes à la fin de ce livre.

dans Six Mois fait arriver aux plus hauts et Occultes dons du Seigneur qu'on puisse imaginer.

Celle ici est la Véritable Science qui renferme toutes les autres Sciences [en] possédant celle-ci.

Oh ! combien de Livres ont lit parmi nous qui semblent miraculeux.

Ne conviens point à moi de révéler une partie de cette Science et ses propriétés, et de m'approprier ce qui appartient à une personne d'un grand esprit et au-dessus de moi. En l'enseignant, j'ai même excédé et fait plus que je ne devais, t'ayant donné les deux derniers Signes. Mais que ne fait point l'amour et [l']affection paternelle ? Tâche de m'obéir seulement et de suivre mes préceptes de point en point, selon que je te les ai donnés par écrit ; ayant toujours devant tes yeux la crainte de Dieu. Et n'oublie pas la moindre chose de ce que je te dis dans les Trois Livres. Car avec l'aide de Dieu, qui régit et gouverne toutes choses, et domine glorieusement dans le Ciel et sur la Terre, et dont la Divine Justice reluit dans les Enfers, si tu as recours à lui et mets toute ta confiance en la Divine Miséricorde, tu obtiendras cette Sacrée Science et Magie dont la puissance est inexplicable. Alors, mon fils, et quiconque y parviendra, souvenez-vous de louer et glorifier le Seigneur et de le prier qu'il veuille daigner et de m'accorder la Sainte Gloire, lieu du véritable repos, dont dans cette Vallée de misère m'a accordé une grande partie par sa Bonté et Miséricorde.

Et je prie le Seigneur qu'il veuille te l'accorder aussi avec sa Sainte Bénédiction, et à tous ceux qui, par ton moyen, parviendront à la possession de cette Sacrée Magie qui s'en serviront selon sa Sainte Volonté.

Dieu daigne, dis-je, accorder tous biens temporels et une bonne Mort dans son Saint Royaume. Ainsi soit-il.

FIN

APPENDICE

Pages extraites du Ms. 2351.

une vray foy en Dieu qui peut
touttes choses avec tres peu de peine
on les peut contraindre et les faire
paroîtree mais peu de paroles mal
prononcer par une personne mal
intentionnée ne font autre effet
que contre la personne qui les
prononce avec ignorance et une
personne d'un tel caractere ne
doit point entreprendre cette
opperation car c'est le vray moyen
de se moquer de Dieu et de le tenter

Des Conjurations

je vous ay repeté plusieurs
fois que la crainte de Dieu est
la plus grande instruction de votre
ange gardien contre laquelle vous
ne devez commettre aucune faute

90

quoyque moindre premierement
vous devez faire la conjuration en
votre Langue maternelle ou auec
celle que vous entendez le plus et
Conjurez les esprits par l'autorité et
obeissance des s.ts patriarches leur
faisant le recit des exemples de leur
ruine et de leur chute de la sentence
que dieu a donné contre eux et
deleur obligation a seruir et comment
de Costé et d'autres ont este vainlus
par les bons anges et par les hommes
sages lesque vous pourrez avoir
fort bien etudié pendant les 6
Lunes dans les Livres sabrees les
menacant aussi enlas quils ne
voulussent pas obeir d'appeller a
votre secours la puissance des s.ts
anges sur eux votre ange gardien
vous aura aussi instruit de faire

Cette Conso Cation avec modestie
et nestre point timide mais Couvayeux
moderement pourtant sans trop
de hordiesse et de bravoure et en
Cas quils fussent Resistans et quils
ne voulussent pas obeir il ne faut
pas pourcela vous mettre en Colere
parleque vous nuiriez a vous
même et il ne demanderoient pas
mieux estant justement Ce quils
cherchent mais avec un Coeur
intrepide mettant toutte votre Confiance
en Dieu avec tranquilité de Coeur
vous les exhorterez a serendre en
leur faisant voir que vous avez
mis toutte votre Confiance en Dieu
vivant et unique leur faisant
souvenir Combien il est fort et puissant
et gouvernez vous ainsi usant de
prudence envers eux et Communiques
leur aussi la forme en laquelle vous

voules qu'ils apparoissent ceque
vous ne pouves pas determiner ny
eux mêmes mais vous laures deub
demander le soir auparavant a
votre ange gardien qui connoit mieux
notre nature et qualité et qui sçait
les formes qui peuvent vous ————
epouvanter et celles que vous pourres
supporter et vous ne deves pas croire
que cela se puisse faire autrement
comme le disent certaines gens
maudits c'est adire avec de sceaux
et des conjurations et figures superstitieuses
et pentacles et autres abominations
faites par des enchanteurs diaboliques
ce seroit la monnoye avec lequel
le laid satan vous acheteroit pour
esclave mais toutte votre confiance
soit le bras la puissance et la force
de Dieu tout puissant alors vous
feres en toutte seureté et la garde

93

de votre ange vous deffendra
de tous dangers Cest pourquoy vous
deves avoir bon courage et avoir
confiance quil ne peut vous arriver
aulcune adversité observant donc
la doctrine que votre St ange vous
aura donné et perseverant a mettre
toutte votre confiance en Dieu
finalement ils apparoitront en la
forme commandée sur la terrasse
sur le sable ou selon lassis et
doctrine velu de votre St ange
et comme je vous enseigneray
distinctement dans le chapitre
suivant vous proposerez votre
demande et vous releverez d'euse
leur serment les esprits quandoit
conuoquer aupremier jour et qui
paraissent sont les 4 princes
superieurs les noms desquels seront

94

Ebrits au chapitre 19 et c'est ici
la conjuration du premier jour

Conjuration du second jour

Le jour suivant ayant fait son
oraison ordinaire et les sus dittes
ceremonies vous repeterez brievement
la sus-ditte conjuration aux dits
esprits en leur faisant souvenir
de leur promesses et sermens
faits le jour precedant de vous
envoyer les 8 sous princes et
adresser la conjuration a tous
les 12 ensemble et dans peu ils
apparoitront visiblement les 8
sous princes en la forme qu'on
leur a commandé et vous
prometteront et jureront comme
sera dit plus amplement dans le

chapitre.

120

Les quatres princes et esprits
superieurs sont

LUCIFER, LEVIATAN, SATAN, BELIAL

les huit sous princes sont

ASTAROT, MAGOT, ASMODÉE, BELZEBUD
ORIENS, PAÏMON, ARITON, AMAIMON

Les esprits communs des 4 sous
Princes scavois

ORIENS PAÏMON ARITON AMAIMON
sont

Hosen	Saraph	proxosos	Habhi
Acuar	Tirana	Alluph	Nercamay
Nilen	Morel	Traci	Enaïa
Mulach	Malutens	Iparkas	Nuditon
Melna	Melhaer	Ruach	Apolhun

175

Les suivans sont D'ASTAROT			
Aman	Camal	Toxai	Kataron
Rax	Gonogin	Schelagon	Ginar
Isiamon	Bahal	Darek	Ischigas
Golen	Gromenis	Rigios	Nimerix
Herg	Argilon	Okiri	Fagani
Hipolos	Ileson	Camenix	Bafamal
Alan	Apormenos	Ombalat	Quartas
Ugirpen	Araex	Lepaca	Kolofe

Ceuse ci Sont de MAGot et KoRÉ

NAcheran	Katolin	Luesaf	Masaub

Chapitre treisieme.

Pour faire qu'un corps mort resusite et fasse les operations que feroit l'homme estant vivant et cela pendant 7 ans par le moyen de l'esprit.

1 depuis le lever du soleil jusqu'à midi.

2 depuis midi jusqu'au coucher du soleil.

3 depuis le coucher du soleil jusqu'à minuit.

4 depuis minuit jusqu'au lever du soleil.

E	Z	E	C	H	I	E	L
Z	E	O	F	R	A	S	E
E	O	R	I	A	L	A	I
C	F	I	R	T	A	R	H
H	R	A	T	R	I	F	C
I	A	L	A	I	R	O	E
E	S	A	R	F	O	E	Z
L	E	I	H	C	E	Z	E

A	M	I	G	D	E	L	o
M	O	R	B	R	I	E	o
I	R	I	D	E	R	D	o
G	B	D	O	D	B	G	o
D	R	E	D	I	R	I	o
E	I	R	B	R	O	M	o
L	E	D	G	I	M	A	o

I	O	S	V	A
O	R	I	L	U
S	I	S	I	S
U	L	I	R	O
A	V	S	O	I

P	E	G	E	R
E	T	I	A	E
G	I	S	I	G
E	A	I	T	E
R	E	G	E	P

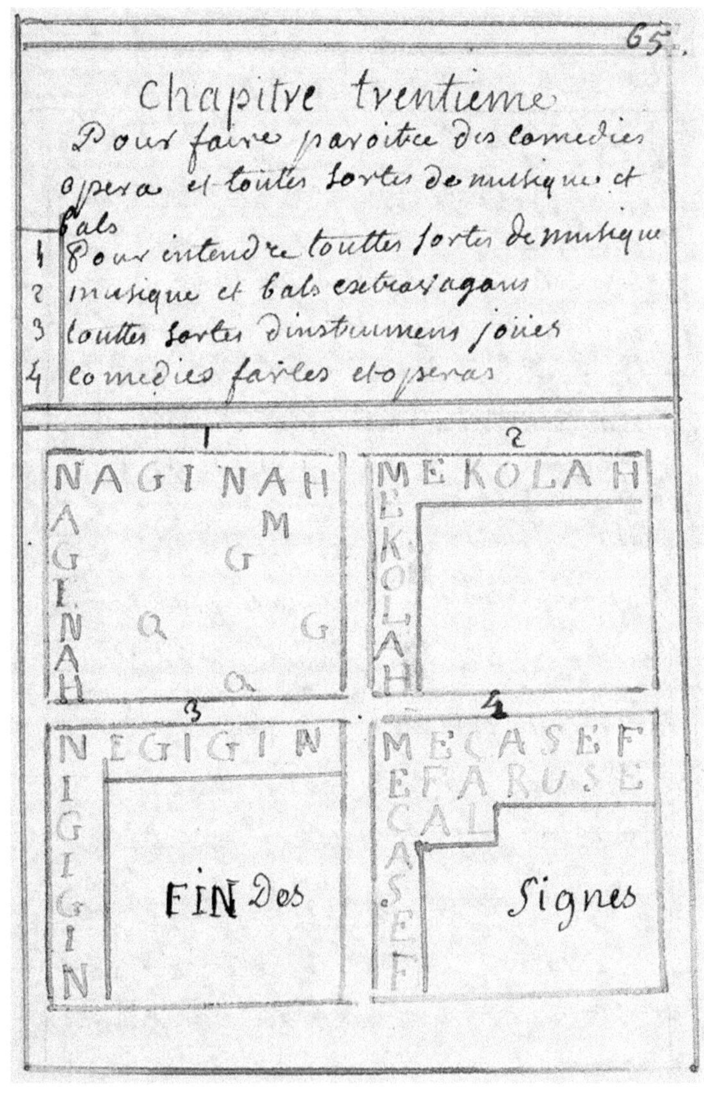
65.
Chapitre trentieme
Pour faire paroitre des comedies
opera et toutes sortes de musique et
bals
1 Pour intendre touttes sortes de musique
2 musique et bals extravagans
3 touttes sortes dinstrumens joües
4 comedies farces et operas
1 NAGINAH
M
G
Q
G
Q
NAGINAH
2 MEKOLAH
MEKOLAH
3 NEGIGIN
NIGIGIN
FIN Des
4 MECASEF
EFARUSE
CAL
CASEF
Signes

TABLE DES MATIÈRES

LA MAGIE SACRÉE D'ABRAMELIN

LIVRE SECOND

LIVRE TROISIÈME